21세기 신학 시리즈 18

What Are They Saying About
Pastoral Epistles?

Mark Harding

최근 목회서신 연구 동향

마크 하딩 지음
김병모 옮김

기독교문서선교회

기독교문서선교회(Christian Literature Center: 약칭 **CLC**)는 1941년 영국 콜체스터에서 켄 아담스에 의해 시작되었으며 국제 본부는 영국의 쉐필드에 있습니다.

국제 CLC는 59개 나라에서 180개의 본부를 두고, 약 650여 명의 선교사들이 이동도서차량 40대를 이용하여 문서 보급에 힘쓰고 있으며 이메일 주문을 통해 130여 국으로 책을 공급하고 있습니다.

한국 CLC는 청교도적 복음주의 신학과 신앙서적을 출판하는 문서선교 기관으로서, 한 영혼이라도 구원되길 소망하면서 주님이 오시는 그날까지 최선을 다할 것입니다.

What Are They Saying About the Pastoral Epistles?

Written by
Mark Harding

Translated by
Byung-Mo Kim

Copyright © 2001 by Mark Harding
Originally published in the U.S.A. under the title as
What Are They Saying About the Pastoral Epistles?
by Paulist Press,
Translated and used by the permission of Paulist Press,
997 Macarthur Boulevard Mahwah,
New Jersey 07430, U.S.A.

All rights reserved.

Korean Edition
Copyright © 2016 by Christian Literature Center
Seoul, Korea

What Are They Saying About the Pastoral Epistles?

추천사 1

이승호 박사
영남신학대학교 신약학 교수

목회서신(딤전, 딤후, 딛)은 목회 일선에서 수고하는 우리 목회자들에게 꼭 필요한 주제들을 다루고 있다. 목회자 자신이 어떤 자세로 사역해야 하는지에 대한 메시지도 들어있고, 목회자가 교회공동체를 어떤 정신과 방식으로 돌봐야 하는지에 대한 메시지도 들어있다.

요즘처럼 목회자들의 인품과 신앙과 삶이 사회적 비판의 대상이 되고 있는 시대에, 디모데후서는 우리 목회자들에게 우리가 어떤 존재이고, 어떤 사명을 부여받았고, 어떤 자세로 이 사명을 감당해야 하는지에 대해 일갈한다. 또 디모데전서와 디도서는 교회공동체를 제대로 돌보기 위해서는 어떤 조직을 구성하고, 어떤 사역자들을 세우고, 어떻게 교인들을 대하고, 어떻게 거짓 교훈에 대처해야 하는지 등에 대해 많은 가르침을 준다.

얼핏 보기에는 이 목회서신을 읽고 이해하는 것이 그리 어려울 것 같지 않은데, 막상 읽어보면 전체적인 그림과 세부적인 사항들을 유기적으로 파악하기가 결코 만만치 않음을 느끼게 된다. 바로 이럴 때에, 마크 하딩(Mark Harding) 박사의 『최근 목회서신 연구 동향』(*What Are They Saying About the Pastoral Epistles?*)을 아주 긴요하게 사용할 수 있다.

  이 책은 목회서신의 윤곽과 세부사항들을 정확하게 파악하는 데에 꼭 필요한 주제들(저자, 바울 전통, 사회적 배경, 문학적 배경, 고전 수사학, 오늘날의 의미)을 차례로 다루면서, 이 책을 읽는 독자들에게 목회서신에 한 걸음씩 더 가까이 다가갈 수 있는 기회를 열어준다. 이 책을 따라 주의 깊게 읽다 보면, 자신도 모르는 사이에 목회서신에 대한 이해의 폭이 확장되는 것을 경험하게 될 것이다.

  이와 같은 이유로, 목회서신에 관심이 있는 목회자들과 신학생들에게 이 책을 적극 추천한다.

추천사 2

루이스 도넬슨(Lewis Donelson) 박사
미국 Austin Presbyterian Theological Seminary 신약학 교수

마크 하딩 박사는 엄청난 범위의 문헌을 읽었다. 이 책만큼 이렇게 많은 목회서신 연구를 이렇게 만족스럽고 매력 있는 문체로 개관한 책은 없다. 이 책은 현재 현대의 목회서신 연구에 대한 최고의 입문서이다.

유디트 리우(Judith Lieu) 박사
영국 King's College, London 신학 및 종교학과 교수

마크 하딩 박사는 최근의 목회서신 연구에 대한 균형 있고 권위 있는 안내서를 찾고 있는 지적인 평신도, 대학생, 또는 좀 더 진보한 독자를 위하여 자신 있게, 이해하기 쉽게 쓴다. 이 책은 바울 전통에 관심이 있는 모든 사람들에게 필독서가 될 자격이 있다.

저자 서문

마크 하딩 박사
호주 Australian College of Theology 학장

이 책의 저술은 호주신학대학(Australian College of Theology) 위원회의 관대한 연구학기 승인으로 가능하게 되었다. 나는 위원회가 내게 이 저술 기회를 활용하면서 재충전하라고 주장한 것에 감사를 표한다.

1999년 전반기에 프린스턴신학교(Princeton Theological Seminary)에서 교환교수의 지위를 제공해준 것도 마찬가지로 관대했다. 이 신학교의 환경은 많은 혜택을 제공해주었는데, 특히 스피어도서관(Speer Library)의 풍부한 자료와 신학교 내부 및 외부의 더 넓은 도시에서 활발한 후원학자 공동체를 제공해주었다. 그들의 바쁜 생활 가운데서도 랜디 니콜스(Randy Nichols), 잔 퍼킨스(Jan Perkins), 밀린드 소월(Milind Sojwal), 빅터 프렐러(Victor Preller), 그레고리 폴크너(Gregory Faulkner), 피터 브라운(Peter Brown), 이 외의 다른 사람들—이들 중의 다수는 프린스턴에 있는 모든성도감독교회(All Saints' Episcopal Church)의 교구민이었다—은 관대하게 목회서신에 대한 내 전망과 새로운 것을 발견하는 기쁨을 나눌 시간을 허락해주었다.

   끝으로, 이 책은 내 가족의, 특히 아내 수(Sue)의 인내와 사랑의 관용이 없었다면 저술되지 못했을 것이다.

역자 서문

김병모 박사
호남신학대학교 신약학 교수

마크 하딩 박사는 목회서신을 집중적으로 연구한 학자이다. 그는 목회서신을 연구한 학자들의 글을 폭넓고 깊이 있게 고찰한 후에, 『최근 목회서신 연구 동향』(*What Are They Saying About the Pastoral Epistles?*)을 저술했다. 그의 연구의 폭과 깊이가 어느 정도인지는 직접 이 책을 읽다 보면 저절로 알게 된다. 이 사실은 오스틴장로회신학교(Austin Presbyterian Theological Seminary)의 루이스 도넬슨(Lewis Donelson) 교수의 추천사를 통해서도 확인된다. "하딩은 엄청난 범위의 문헌을 읽었다. 이 책만큼 많은 목회서신 연구를 이렇게 만족스럽고 매력 있는 문체로 개관한 책은 없다. 이 책은 현재 현대의 목회서신 연구에 대한 최고의 입문서이다."

이 책의 본론은 6장으로 구성되어 있다.

제1장은 목회서신의 저자를 다룬다. 목회서신은 바울의 저작인가, 아

니면 그의 제자(들)가 그의 이름으로 저술한 저작인가?

제자들의 저작이라면, 위명의 문제를 해결해야 하고, 바울의 저작이라면, 제1바울서신과의 차이, 갈등, 모순, 상반의 문제를 해결해야 한다. 이 저자 문제에 대해 어떤 입장을 취하느냐가, 단지 목회서신의 이해뿐만 아니라 또한 바울, 공동서신, 1세기 후반과 2세기 초반의 교회, 정경 등의 이해에도 적잖은 영향을 주기 때문에, 이 문제는 적잖게 중요하다.

제2장은 목회서신과 바울 전통을 다룬다. 목회서신은 바울과 직간접적으로 관련이 있는가, 아니면 아무런 관련이 없는가?

관련이 있다면, 바울 전통을 긍정적으로 계승하는가, 아니면 부정적으로 교정하는가?

제3장은 목회서신의 사회적 배경을 다룬다. 다른 책들과 마찬가지로 목회서신도 역사적, 사회적, 문화적 진공 상태에서 기록되지 않았다. 이 장은 목회서신과 당시의 그리스-로마 사회를 가능한 한 밀접하게 관련시키면서, 교회상과 사회상, 교회 구성과 사회 구성, 교회제도와 사회제도 등을 살펴본다(후원 제도, 가족 제도, 구성 계층, 지도 체제 등).

제4장은 목회서신의 문학적 배경을 다룬다. 도덕적 권면 편지로 구분될 수 있는 목회서신의 문학적 배경으로서, 편지 장르, 그리스-로마 세계의 도덕적 권면, 철학 전통 안의 목회적 돌봄, 유언 장르 등을 살펴본다.

제5장은 목회서신과 고전 수사학을 다룬다. 목회서신은 독자들을 설득하려고 한다. 저자는 그들을 설득하는 데에 유용한 수사학적 요소들을 사용했을 것이다. 그래서 이 장은 고전 수사학의 종류와 논증 전략을 살펴본다.

제6장은 목회서신의 오늘날의 의미를 다룬다. 만약 목회서신이 과거

의 문서로만 머문다면, 오늘날의 우리와는 별 관련이 없다면, 목회서신을 연구할 필요는 물론이고 목회서신 자체의 가치까지도 상당히 축소될 것이다. 이 장은 목회서신을 오늘날의 우리와 관련시키는 문제를 살펴본다. 예를 들어, 여성들은 교회에서 지도자 사역을 수행하면 안 되는가, 아니면 지금은 수행해도 되는가, 아니, 수행해야 하는가?

또 이 책의 끝부분에는 목회서신 연구에 중요한 책들을 선별하여 짧게 설명해주는 추천도서 목록이 들어있어서, 이 책을 읽는 데에 그치지 않고 목회서신을 더 연구하고자 하는 독자들에게 유용한 정보를 제공해준다.

21세기 신학 시리즈의 다른 책들과 마찬가지로, 이 책도 목회서신을 제대로 공부하고자 하는 독자들에게 아주 유용한 안내서이다. 목회서신을 내 마음대로 '이해'하려고 하지 않고 다른 사람들의, 특히 이 분야 전문가들의 견해를 주의 깊게 살펴보면서 배경적이고 성경적이고 신학적인 근거를 가지고 제대로 이해하고자 하는 모든 사역자들-신학생, 목회자, 평신도 사역자-에게, 이 책은 가장 적합한 출발점이 될 것이다. 이 책을 진지하게 살펴보는 독자들은 목회서신에 대해 폭넓고 깊이 있는, 체계적인, 배경적 및 성경적 및 신학적으로 근거가 있는 이해를 갖추는 데에 큰 도움을 받게 것이다.

이 소중한 책을 번역하여 출판하는 CLC의 사역자들에게 감사를 표한다. 이 작은 책이 우리 한국 교회의 사역자들이 목회서신을 제대로 이해하는 데에 큰 도움이 되기를 바란다. Gloria Dei!

2016년 5월 26일
빛고을에서

목차

추천사 1 이승호 박사(영남신학대학교 신약학 교수)   5
추천사 2 루이스 도넬슨 박사(미국 Austin Presbyterian
        Theological Seminary 신약학 교수) 외 1인   7
저자 서문   8
역자 서문   10
약어표   14

서론   17
제1장 목회서신의 저자   23
제2장 목회서신과 바울 전통   51
제3장 목회서신의 사회적 배경   77
제4장 목회서신의 문학적 배경   103
제5장 목회서신과 고전 수사학   125
제6장 목회서신의 오늘날의 의미   141

참고도서   160
더 깊은 연구를 위한 자료   176

약어표

AnBib	Analecta biblica
ANF	Roberts, A., and J. Donaldson, eds. 1986 reprint. *The Ante-Nicene Fathers*. Ten volumes. Grand Rapids: Eerdmans
ANRW	*Aufstieg und Niedergang der römischen* Welt
Apoc.Abr.	*Apocalypse of Abraham*
ATR	*Anglican Theological Review*
AusBR	*Australian Biblical Review*
BBR	*Bulletin for Biblical Research*
BJRL	*Bulletin of the John Rylands University Library of Manchester*
CBQ	Catholic Biblical Quarterly
1 Clem.	*1 Clement*
Clem. Strom.	Clement of Alexandria, Stromateis
Diogn.	*Epistle to Diognetus*
EKKNT	Evangelisch-katholischer Kommentar zum Neuen Testament
Exp	*Expositor*
ExpTim	*Expository Times*

FRLANT	Forschungen zur Religion und Literatur des Alten und Neuen Testaments und Neuen Testaments
HTKNT	Herders theologischer Kommentar zum Neuen Testament
HTR	*Harvard Theological Review*
HUT	Hermeneutische Untersuchungen zur Theologie
Ign. *Eph.*	Ignatius, *Letter to the Ephesians*
Igs. *Pol.*	Ignatius, *Letter to Polycarp*
Ign. *Smyrn.*	Ignatius, *Letter to the Smyrnaeans*
JAAR	*Journal of the American Academy of Religion*
JAC	Jahrbuch für Antike und Christentum
JBL	*Journal of Biblical Literature*
JR	*Journal of Religion*
JRelS	*Journal of Religious Studies*
JRH	*Journal of Religious History*
JSNT	*Journal for the Study of the New Testament*
JSNTSup	Journal for the Study of the New Testament Supplement Series
JTS	*Journal of Theological Studies*
LCL	Loeb Classical Library
LTP	*Laval théologique et philosophique*
NovT	*Novum Testamentum*
NTS	New Testamentum Studies
Pol. *Phil.*	Polycarp, *Letter to the Philippians*
Prot. Jas.	Protevangelium of James
RB	*Revue biblique*
RTR	*Reformed Theological Review*

SBL	Society of Biblical Literature
SBLDS	Society of Biblical Literature Dissertation Series
SBLMS	Society of Biblical Literature Monograph Series
SNTSMS	Society for New Testament Studies Monograph Series
StudBL	Studies in Biblical Literature
T. Sim.	*Testament of Simeon*
T12P	*Testaments of the Twelve Patriarchs*
WUNT	Wissenschaftliche Unthersuchungen zum Neuen Testament

서론

　목회서신에 대한 학자들의 연구는 부족하지 않다. 이 세 개의 짧은, 소위 바울 편지들의 모음을 다루는 주석서, 단행본, 논문이 빠른 속도로 계속해서 나오고 있다. 1726년에 폴 안톤(Paul Anton)이 이것들을 처음으로 "목회적인" 편지들이라고 불렀다(Lock 1924: xiii; Harrison 1921:13-14; Spicq 1969:1.31). 이 연구의 많은 부분은 이 편지들의 문학적 및 신학적인 완전성뿐만 아니라 또한 끊임없이 반복되는 저자 문제와 저술 계기에 대한 설명에도 관심을 기울인다.

　이 편지들과 바울서신의 다른 편지들과의 관계도, 특히 일곱 개의 진정한 편지들(롬, 고전, 고후, 갈, 빌, 살전, 몬)과의 관계도 여전히 학자들이 계속 시도하는 주제로 남아있다. 이외에도, 제일 먼저 배경에 비추어서 해석해야 하는 문헌인 이 편지들의 사회적 배경에 대한 관심이 점증하고 있다.

이 책의 내용 요약

제1장은 목회서신의 저자를 다룬다. 대부분의 학자들은 이 편지들이 바울 이후의 것이고 위명적인 것이라고 확신한다. 즉 이것들은 무명의 저자에 의해서(나는 그를 보통 목회자[the Pastor]라고 부를 것이다) 바울의 이름으로 기록되었다. 목회자는 사도의 유산에 대한 분리적이고 (그가 생각하기에) 이단적인 해석을 수긍하는 위험에 처해 있는 공동체들의 바울 정체성을 굳건하게 하려고 했다. 자신의 이름으로 기록하면 수신자들의 주목을 받지 못할 것이기 때문에, 저자는 바울의 이름으로 기록했다. 비록 이것이 신자들을 속이는 것을 의미하더라도 말이다.

바울 저작 옹호자들은 목회서신을 위서로 구분하는 것이 갖고 있는 함축에 대하여 중요한 질문들을 제기한다. 이 옹호자들은 고전 시대, 헬레니즘 시대, 그리스-로마 시대의 위명 현상을 다루는 학자들의 목소리에 자신들의 목소리를 합쳐서, 그리스와 로마의 선배들 및 동시대인들과 마찬가지로 초기 교부들은 문학적 날조에 지나지 않는다고 생각할 근거가 있는 작품들을 경멸했다는 것을 청중에게 상기시켜준다.

바울 저작 옹호자들의 견해에 의하면, 목회서신을 위명적인 것으로 주장하는 것은 이것들의 권위와 정경 지위를 심각하게 손상시킨다. 하나님은 "부정직한" 책에 영감을 주셨을 리가 없다. 그럼에도 불구하고, 이 편지들의 바울 저작에 반대하는 주장들은 반박하기가 어려운 것으로 증명되었고(심지어 확고한 옹호자들도 인정하듯이), 만약 목회서신이 바울의 저작이라면, 진정한 편지들의 신학적 완전성에 관한 중요한 이슈들이 제기된다. 또 위명으로 저술하는 속임은 파괴적인 것으로 간주되는 가르침에 직면하여 사도적 믿음을 옹호하려는 시도로 정당화될 수도 있다. 이 현상이 신약성경 연구에 그리고 특히 목회서신 연구에 제기하는 문제는 제1장의 결론에서 논의된다.

목회서신을 역사적 바울의 신학적 통찰에서 멀어지는 통탄할 "타락"으로 간주할 만반의 준비가 되어있는 학자들이 20세기 내내 있었다(예를 들어, Schulz 1976:100-109; Hanson 1982:51). 그리스도 사건의 의의에 대한 그의 주목할 만한 이해는 이제 가려졌다. 저자는 바울 유산을 길들여서, 유행하는 그리스-로마의 문화 관습과 일치시켰다.

제2장은 목회서신은 일차적으로 바울 유산을 고백하는 교회에 거주하는 제3세대 신자들의 상황에 대응하기 위한 바울 전통의 현실화로 이해되어야 한다고 주장한 현대 학자들의 중요한 공헌을 개관한다. 또 학자들은 최근에 이 편지들이 우리의 초기 기독교의 발전 이해에 이바지하는(특히 바울의 이름으로) 독특한 공헌에도 주목했다. 또 외경행전들의 재발견, 특히 일부 학자들의 판단에 의하면, 사실상 목회자가 논쟁하는 바울 전승의 궤적을 재현하는 (2세기 중후반의) 바울행전(*Acts of Paul*)의 재발견은 성과 있는 연구의 길을 열어놓았다.

학자들은 목회서신에 표현되어 있는 사회적 및 교회적 명령을 단지 행전뿐만 아니라 또한 영지주의 문서에도 들어있는 전통과 대조한다. 이 편지들은 다양한 기독교 전통에 속해있는 교회들에서 교회와 좀 더 넓은 사회에서 여성이 담당하는 역할에 대한 논쟁에서 여전히 중요한 부분을 차지한다. 다른 경우에는, 목회서신은 바울과 아무런 관련이 없고 확인 가능한 초기 기독교 자료에서 유래하는, 또는 저자가 창의적으로 만들어낸 신학적 사상을 표현한다.

제3장은 목회서신의 사회적 배경에 대한 학자들의 연구를 개관한다. 지난 20년 동안에 이 편지들을 그리스-로마 배경과 수신자들의 기독교

신앙고백 제약이 서로 대화를 나눈 열매로 이해하려는 중요한 단행본들이 나타났다. 이 과업은 이 편지들의 역사적 특수성을 강조하는 데에 기여했고, 저자의 사회적 전제를 부각시켰다. 결과적으로, 학자들은 목회서신이 수신 교회들 안에서 사회적 보수주의의 매개물로서 갖고 있던 효능을 강조한다.

제4장은 이 편지들의 문학적 배경을 설명하는 학자들의 공헌을 개관한다. 목회서신은 저자의 바울 유산 해석을 편지 형태로 세련되게 추천하는 것이다. 사실상 저자의 핵심 전략은 사도 바울을 그가 세운 공동체들의 심리 교사로, 즉 영적 지도자로 환기시켜주는 편지를 쓰는 것이다. 또 이 장은 최근의 학자들이 목회서신을 그리스-로마의 서신 환경 안에서 도덕적 권면편지로 이해하는 데에 기여한 공헌도 제시한다. 그런 것으로서, 목회서신은 권면 담화라는 유서 깊은 전통에 속한다. 문학적인 차원에서, 이 담화는 기원전 4세기의 아테네인 이소크라테스(Isocrates)와 관련 있는 글에서 처음으로 표현되었다.

또한 그리스-로마 수사학에 대한 최근의 관심의 재발과 이 편지들에서 사용되는 수사학적 전략의 발견은, 이 편지들이 교회와 사회에서 사는 삶에 대한 저자의 비전을 강력하게 옹호한다고 강조하는 데에 일조했다. 목회서신의 이 측면이 제5장의 주안점이다. 이 편지들은 단지 바울 유산의 조심스러운 서신적인 구체화와 확인일 뿐만 아니라, 또한 수사학적으로 세련되고 정교하기도 하다.

최근에 성경학자들 사이에서 재발견한 그리스-로마 수사학에 대한 관심은 초기 기독교 문헌을 수사학적 관점으로 연구하는, 열매 있는 분석으로 이어졌다. 목회서신의 경우에는, 저자는 교회의 삶에 대한 그의 비전을 홍보하기 위해서 설득력 있는 주장을 제시하기 위하여, 수사학 교재가 추천하는 전략을 사용하는 것을 볼 수 있다. 전집으로서, 이 편지들은, 특히 디모데후서는 바울의 "유언," 즉 그의 최종적인 "마지막 말"이다. 이것이 그의 청중으로 하여금 그들의 사도의 유산에 새롭게 헌신하게 하려는 저자의 설득 의도의 핵심적인 특성이다.

결론

신약성경 정경의 다른 문서들과 마찬가지로, 목회서신도 원래는 신자들에게 보내졌다. 신앙공동체는 교회의 성경의 일부인 이 편지들을 "믿음에서 믿음으로" 기록된 문서들로 진지하게 간주해야 한다. 그럼에도 불구하고, 바로 이 편지들의 특수성은 원래의 수신자들과 연결되어 있다고 공언하는 목사들과 교사들에게 창조적이고 해석적인 반응을 요구한다는 것을 알아야 한다. 이 편지들이 사용 불가능한 과거 유물로 축소되지 않도록 말이다. 이 책의 목적은 목회서신에 대한 최근의 연구를 개관하고 분석하며, 그 연구에 나타나는 이 편지들의 메시지를 현실화하는 데에 잠재적으로 유용한 흐름을 기술하는 것이다.

제6장의 주안점은 목회서신의 오늘날의 의의를 이해하는 데에 기여한 학자들의 공헌에 맞춰지고, 이것이 이 책의 결론을 이룬다.

What Are They Saying About the Pastoral Epistles?

제1장

목회서신의 저자

1. 초기 증언

사도 교부들이 바울 편지들을 알고 사용했다는 것은 의심의 여지가 없고, 많은 교부들이 그의 편지들의 모음을 알고 있었을 것이다. 폴리캅(Polycarp)의 『빌립보서』(*Letter to the Philippians*, 1-12장) 4.1과 9.2(기원후 120-135경)에는 디모데전서 6:7, 10과 디모데후서 4:10에 대한 암시가 들어있을 수 있다.[1] 하지만 세 권의 목회서신은 기원후 2세기의 마지막 사반세기에 이르러서야 처음으로 인용되고 확실하게 증언된다. 기원후 180년경에 저술한 아테나고라스(Athenagoras)와 테오필루스(Theophilus)는

---

[1] Polycarp, *Letter to the Philippians* 4.1에 들어있는 딤전 6:7, 10을 위해서는 A Committee of the Oxford Society of Historical Theology 1905:95-96을 보고, Polycarp, *Letter to the Philippians* 9.2에 들어있는 딤후 4:10을 위해서는 1905:97을 보라. 하지만 Dibelius-Conzelmann 1972:85-86은 두 저자 다 광범위하게 확인되는 금언에 호소하고 있다고 주장한다. 또 Barnett 1941:182-83도 보라.

둘 다 디모데전서 2:1-2을 인용하고, 이 편지들의 다른 구절들을 암시한다. 그들의 동시대 사람인 이레니우스(Irenaeus)는 각각의 편지를 인용하면서, 남아있는 자료 중에서 처음으로 바울을 저자로 언급한다.

마르시온(Marcion, 기원후 140경)이 실제로 목회서신을 알았던지 그렇지 않았던지 간에, 터툴리안(Tertullian, 200경)은 그가 그것들을 의도적으로 그의 정경에서 배제시켰다고 기록한다. 터툴리안은 마르시온이 바울은 개인에게는 편지를 쓰지 않았다는 잘못된 근거로 그것들을 거부했다고 추측한다.[2] 터툴리안은 마르시온이 개인에게 보내진 편지인 빌레몬서를 진짜로 인정한 것을 알고 있었다. 알렉산드리아의 클레멘트(Clement of Alexandria, 200경)는 『양탄자』(Stromateis 2.11 [ANF 2.359])에서, 자신들이 디모데전서 6:20-21의 논박의 공격 목표라는 것을 알고는 디모데전후서를 거부한 영지주의자들이 있었다고 보고한다. 제롬(Jerome)의 기록에 의하면, 바실리데스(Basilides)와 마르시온은 디도서를 거부했지만, 초기 기독교 금욕주의자인 타티안(Tatian, 기원후 170경에 죽음)은 디모데전후서를 거부하고 디도서를 인정했다. 무라토리안 정경(Muratorian Canon, 200경)은 권위 있는 책들의 목록에서 세 권의 목회서신을 바울서신에 포함시킨다.

(히브리서를 포함하여) 바울서신 모음이 들어있는 가장 이른 사본인 P46(기원후 200경)의 남아 있는 형태에는 데살로니가후서, 빌레몬서, 세 권의 목회서신이 들어있지 않다. 학자들은 필사자가 충분한 공간이 없어 보이기 때문에 그것들을 포함시키려고 하지 않은 것 같다고 주장

---

[2] Against Marcion 5.21(ANF 3.473-74). 4세기 저술가 Epiphanius도 Marcion이 목회서신을 거부했다고 주장한다. 분명히, 후대의 마르시온주의자들은 목회서신을 그들의 정경에 포함시켰다(Blackburn 1948:52-53을 보라).

한다(Kenyon 1936:ix-x; Metzger 1992:37-38; Hahneman 1992:115-16). 그 결과, 일부 학자들은 목회서신이 그 때에는 바울 정경의 일부가 아니었거나 단지 서서히 인정을 받아가는 중이었다고 주장하기도 했다.[3] 많은 학자들은 이 편지들이 초기 기독교 문헌에서 바울서신의 나머지 열 개의 편지들보다 늦게 등장한다는 것에 제대로 주목하는 반면에, 이레니우스를 포함하여 초기 교부들은 이것들이 바울의 편지라고 확실하게 인정한다.

2. 위서인 목회서신

19세기 초에 학자들은 목회서신의 바울 저작에 대해 의문을 제기하기 시작했다. 슈미트(J. E. C. Schmidt, 1804)와 슐라이어마허(F. D. E. Schleiermacher, 1807)는 둘 다 디모데전서의 진정성을 의심했다. 1812년에 라이프치히에서 출판된 그의 『신약개론』(Einleitung in das Neue Testament)의 셋째 권에서 아이히호른(J. G. Eichhorn)은 세 편지 모두의 비바울 저작을 광범위하게 다루었다. 그는 이것들이 바울서신의 다른 편지들의 독특한 문체와 사실상 상반될 수 있는 문체적 특성을 보여준다는 이유로, 이것들의 위명성을 주장했다. 또 그는 만약 사도가 동시에 다른 편지들

---

[3] Kenyon(1936:xii. Quinn 1974:379-85)은 P46이 교회들에 보내는 편지들의 사본이었을 것이라고 추측한다. 다른 한편으로 딛 1:11-15과 2:3-8이 포함되어 있는 P32(기원후 200년경)는 원래 개인들에게 보내는 바울 편지들의 모음집이었다(참조. Kenyon 1936:xi). 최근의 논문에서 Jeremy Duff(1998:578-90)는 이 사본에는 목회서신을 기록할 공간이 충분하지 않았다는 Kenyon과 다른 학자들의 주장을 반박했다. 이 이유 때문에, 그는 잔존하는 형태의 P46을 이 편지들이 200년경에 이집트에서 인정받은 바울서신에 속해있지 않았다고 주장하는 데에 사용할 수 없다고 결론짓는다.

도 저술했다면, 목회서신에서 전제되는 상황과 관심을 고려할 여지가 없었다는 점도 관찰했다.

1835년에 페르디난트 크리스티안 바우어(Ferdinand Christian Baur)는 단행본을 출판했다. 그 책에서 그는 저자의 목적은 금욕주의 촉진(딤전 4:1-5; 5:23을 보라)과 여성 해방(딤전 2:9-15을 보라) 같은 마르시온의 가르침과 관습을 반박하는 것이라고 주장했다. 바우어는 마르시온의 분실된 작품인 『반론』(Antitheses)이 디모데전서 6:20에서 실제로 거명된다고 주장했다("세속적인 말과 그릇되게 지식이라고 불리는 반론[헬라어로, 안티테시스(antitheseis)]을 피하라"). 이 이론은 20세기에 한스 폰 캄펜하우젠(Hans von Campenhausen, 1963:197-252), 조셉 호프만(R. Joseph Hoffmann, 1984, 폴리캅이 이 편지들의 저자였을 것이라고 주장한다), 에드가 굿스피드(Edgar J. Goodspeed, 1937:185), 프레드 길리(Fred C. Gealy, 1955:359) 등 소수의 추종자를 얻었다. 실제로, 호프만은 목회서신이 폴리캅이 포함되어 있는 에베소 그룹에서 나왔다고 주장한다. 이 그룹은 마르시온의 바울 해석의 도전에 대응하고 그것을 꺾으려고 했다. 하지만 대부분의 근대 학자들은 이 편지들의 연대를 바우어처럼 늦게 잡거나 마르시온주의를 저자에 의해서 공격당하는 거짓 가르침과 동일시할 준비가 되어 있지 않았다.

1880년에 하인리히 홀츠만(Heinrich J. Holtzmann)은 이 편지들을 분석(1880:1-282)과 주석(1880:283-504)의 형태로 살펴본 권위 있는 연구서인 『비평적-석의적으로 살펴본 목회서신』(*Die Pastoralbriefe kritisch und exegetisch untersucht*)을 출판했다. 그 분석에서 그는 그때까지의 학자들의 통찰을 종합적으로 다루면서, 이것들의 위명성을 주장하는 철저한 연구를 제시한다. 그가-그리고 그 이후로 많은 학자들이-이 편지들의 위명성을 주장하기 위하여 제출한 주장들은 그 핵심만 간추려 보자면 다음과 같이 다섯 개의 큰 범주로 구분할 수 있다.

3. 목회서신의 위명성 주장

① 어휘와 문체가 논란이 되지 않는 바울 편지들과 조화되지 않는다. 이 편지들은 바울서신은 물론이고 신약성경에서도 발견되지 않는 단어, 구절, 문법 구조로 가득 차 있다. 마찬가지로, 목회서신에서는 발견되지 않고 바울에게는 독특한 단어와 단어 그룹도 있다. 또 홀츠만은 논란이 되지 않는 편지들에서는 흔히 나오는, 사도의 대화 문체의 표시인 불변화사가 이 편지들에서 부족하다는 증거도 발견했다. 해리슨(P. N. Harrison)은 『목회서신의 문제』(*The Problem of the Pastoral Epistles*, 1921)라는 그의 영향력 있는 책에서, 최소한 영어 독자들에게, 언어학적 주장의 설득력을 강화했다. 그는 이 편지들에서 175개의 신약성경 **하팍스 레고메나**(*hapax legomena*-[단 한 번만 나오는 표현들-역자주])를 찾아냈다. 61개가 사도 교부들(기원후 95-145경)과 변증가들(기원후 140-170경)에게서 나타나는 반면에, 또 다른 32개가 변증가들에게서만 나타난다. 나머지 82개는 둘 중 어느 쪽에서도 발견되지 않고, 오히려 당시의 저술가들에게서 발견된다. 이 82개 중의 일부는 이전의 헬라 저술가들에게서도 발견된다(1921:161-64). 해리슨은 목회서신의 저자가 바울의 언어를 사용하지 않고, 오히려 "사도 교부들과 변증가들의 언어"를 사용한다고 결론짓는다(1921:70). 또 해리슨은 2세기 초의 저술가들에게서

분명하게 반향되는, 이 책들의 구절들의 목록도 제시한다(1921:165; 1955:79-80).

이 편지들의 진정성을 결정하기 위해서 목회서신의 문체를 바울서신의 나머지와 관련하여 검토하는 것은 애매한 결과를 가져왔다. 비록 이 연구에 객관적인 기준이 사용되더라도, 문체의 어떤 측면을 조사할 것이냐는 결정과 그 결과에 대한 평가는 목회서신의 진정성을 다루는 다른 어느 논의만큼이나 주관성에 많은 빚을 지고 있는 것을 최근에 두 단행본이 보여주었다. 그의 『신약성경의 통계분석적 연구』(*A Stylometric Study of the New Testament*, 1986)에서 안토니 케니(Anthony J. P. Kenny)는 디도서를 제외한 나머지 12개의 편지들은 한 명의 다재다능한 저자의 작품이라는 견해를 유지할 근거가 있다고 결론짓는다.

다른 한편, 케네트 뉴만(Kenneth J. Neumann)은 그의 『통계학적 분석에 비추어본 바울 서신들의 진정성』(*The Authenticity of the Pauline Epistles in the Light of Stylostatistical Analysis*, 1990)에서 대조적인 결론을 내린다. 일련의 다른 기준에 근거하여 연구를 진행하면서, 그는 목회서신과 바울서신의 나머지 사이에서 상당한 차이점을 인식한다. 뉴만은 **하팍스 레고메나**가 저자를 결정하는 데에 적합한 기준이 아니라는 것에 다수의 학자들에게 동의한다. 그런 단어의 사용은 상황의 차이나 우연의 차이의 탓일 수도 있다(참조. Spicq 1969:1.193).[4] 하지만 해리슨은 목회서신 저자

---

[4] 이 이슈에 대한 영국, 독일, 스웨덴 연구를 개관하면서(1958:91-94) Metzger는 Harrison의 작업을 비판한다. Metzger는 (1) 목회서신과 나머지 바울 편지들이 저자의 문체에 대한 결론을 보장할 정도로 충분히 긴지, (2) 공동 저자 이론에 의문을 품기 전에는 비교의 결과가 얼마나 다를 수 있는지, (3) 주제와 문학 형태에서 두 분문 간의 차이를 얼마나 많이 허용해야 하는지, (4) 두 작품이 동일 저자에 의해서 기록

의 언어가 바울의 문화적 환경을 뛰어넘었다고 주장했다.

② 목회서신에는 바울서신의 위대한 주제와 사상이 부족하다. 목회자는 십자가나 이신칭의를 이야기하지 않는다. "그리스도의 몸"이라는 바울의 기본적인 교회론 사상이나 그와 개인적으로 친밀한 관계 안에 있다는 의미로 "그리스도 안에" 있다는 개념에 대한 언급이 없다. 파루시아의 임박성에 대한 기대(고전 7:29; 롬 13:11-14; 살전 4:17; 고전 15:51)가 덜 급박하다. 믿음은 **신앙의 규범**(*regula fidei*)과 동의어가 되었거나 사랑, 거룩, 정숙(딤전 2:15)이나 의, 경건, 인애, 온유(딤전 6:11)와 같은 덕목과 나란히 나온다. 또 우리는 이스라엘의 우선권이나 유대 율법의 역할과 같은 바울서신의 위대한 구원사적 주제도 발견하지 못한다. 목회서신은 자신의 독특한 신학기풍을 갖고 있다.

③ 목회서신에 들어있는 개인 정보는 우리가 바울서신의 나머지 편지들과 사도행전 또는 독립적인 역사적 자료로부터 알고 있는 바울의 이력 내에서 적절한 위치를 발견하지 못한다. 로마서 15:23-24, 28에 의하면, 바울은 동쪽에서 그의 사역을 끝마쳤고(행 20:25, 38과 비교하라), 다음 사역 무대로 스페인을 방문하려고 하고 있다.[5] 클레멘트 1서(*1 Clement*, 기원후 95경) 5.7은 바울이 일단 "서쪽의 한계"에

되었다면 그렇지 않은 경우보다 반드시 더 비슷하다고 주장하는 것이 맞는지를 질문한다.
5 무라토리안 정경은 바울의 스페인 선교를 증언한다. 바울을 스페인 선교와 연관시키는 다른 자료를 위해서는 *Acts of Peter*(*Actus Vercellenses* 1-3) (180-90년경)를 보라. 본문을 위해서는 W. Schneemelcher(ed.), *The New Testament Apocrypha*(Louisville: Westminster/John Knox, 1992), 2.285-321(287-89)을 보라.

도달한 후에 순교 당했다고 한다. 클레멘트는 스페인이 아니라 로마를 염두에 두고 있을 수도 있다. 만약 그가 바울이 스페인에 도달했다는 전승을 정말로 알고 있었다면, 그는 오직 한 번의 투옥만을 알고 있는 것으로 보인다. 다른 한편, 목회서신은 바울이 동쪽에서 새로운 선교활동을 펼치기 전에, 사도행전의 끝에서 보고되는 투옥에서 풀려났다고 전제하는 것으로 보인다. 따라서 이 편지들은 유세비우스(Eusebius, *Ecclesiastical History* 2.22.2)와 같은 후대의 저술가들에게 영향을 주었다.

④ 거짓 교사들의 가르침은 논란이 되지 않는 편지들에 나오는 바울의 적대자들의 가르침과 양립할 수 없다. 목회서신이 실제적인 상황을 언급하고 있다고 가정하면, 이 적대자들은 유대 기독교의 초기 영지주의 운동에 속하는 것으로 보인다. 그들은 결혼, 음식, 음료와 관련하여 금욕주의를 명한다. 그들은 특히 "신화와 계보"에 관심이 있고 실현된 종말론을 가르친다(Brox 1969:31-42; Towner 1987:95-124; Redalié 1994:376-97; Bassler 1996:25-31). 그들은 논란이 되지 않는 편지들과 골로새서에서처럼 논리적인 주장에 의해서 논박되는 것이 아니라, 주로 논쟁과 험담에 의해서 논박된다(Brox 1969:39-41). 이외에도, 수신자들은 "맡겨진 것을 지켜야 하고," 참된 가르침을 꽉 붙잡아야 하고, 현재와 미래에 신자들을 거짓 교사들의 침입으로부터 보호해줄 구조를 유지하고 확인(딤전)하거나 확립(딛)하기 위하여 계속해서 일해야 한다.

⑤ 목회서신에서 규정하는 교회 조직은 논란이 되지 않는 편지들에서 마주치는 교회 조직의 특성과 어울리지 않는다. 후자에서는 지도력, 교화, 그 밖에 서로 유익한 사역들의 은사 활용이 다 한 성령

에 의해서 이루어진다(롬 12:6; 고전 12:4-11). 하지만 목회서신은 회중 사역을 위한 영적 자질(딤전 4:14; 딤후 1:6)이 지도력을 행사하는 남자들에게 제한되어 있는 것(딤전 2:12; 3:2, 4; 딛 1:9)으로 알고 있다. 이 편지들의 교회론은 바울 선교의 가정 교회에서 마주치는 것보다 110년경의 이그나티우스 서신에서 마주치는 것과 더 많은 것을 공유한다. 교회 생활은 공적 사역자들-감독, 장로, 집사-에게 초점이 맞춰지게 되었다. 목회서신에서 성직자 사역의 시작과 그 사역에 대한 평신도의 인정 및 순종의 시작을 인식하는 것이 부적절하지는 않을 것이다.

이 주장들의 효과는 누진적이다(Easton 1947:15). 위르겐 롤로프(Jürgen Roloff)의 디모데전서 주석서(1988), 얀 레달리에(Yann Redalié)의 『바울 이후의 바울』(*Paul après Paul*, 1994), 또는 로렌츠 오버린너(Lorenz Oberlinner)의 이 편지들에 대한 최근의 세 권짜리 주석서(1994-96)에 나오는 저자 문제 논의는 홀츠만이 철저하게 제시한 바울 저작에 반대하는 주장이 지속되고 있고 설득력을 발휘하고 있음을 증명해준다. 하지만 우리는 이 기본적인 입장의 특정한 향상에 대해 이야기할 수 있다.

4. 크리스티아안 베커(J. Christiaan Beker)

크리스티아안 베커의 『바울의 상속자들』(*Heirs of Paul*, 1991)은 목회서신을 포함하여 바울 이후를 검토하는데, 그의 일관성/우연성 모델의 관점에서 검토한다. 그는 이 모델을 그의 주요 연구서인 『바울 사도』(*Paul the Apostle*, 1980)에서 논란이 되지 않는 바울 편지들에 아주 성공적으로 적용했었다. 베커의 주장에 의하면, 논란이 되지 않는 바울 편지들에서는 바울의 그리스도 사건 해석의 "일관성 있는" 구조가 그 교회들의 우연성을 끌어들이는 대화적인 소통으로 이해되어야 한다. 바울 사상의 구조는 그의 회심 이전의 묵시적인 세계관에서 기원한다. 그 세계관은 부활한 그리스도와의 만남에서 결정적으로 확인되었다. 논란이 되지 않는 편지들은 사도의 사상의 묵시적인 구조가 단지 그 사상의 온전함을 주장할 뿐만 아니라 또한 그들의 우연한 상황을 알기 쉽게 이야기하는 방식으로 그의 청중들과 대화를 나누는 창의적인 해석학의 특수한 표현이다.

베커는 목회서신이 자신의 비바울 저작을 두 가지 방식으로 알려준다고 주장한다. 목회자는 그리스도 사건의 의의에 대한 바울의 묵시적인 해석을 표현하지 않는다. 파루시아 소망은 쇠퇴했다. 목회자는 수신자들이 당시의 도덕 관습을 따라서 살게 하려고 한다. 임박한 종말에 대한 극단적인 기대는 "그리스도 안에" 있다는 것이 현재 무엇을 의미하느냐에 대한 바울의 광범위한 재평가와 더불어 사라졌다.

이외에도, 목회자는 거짓 교사들과 대화하는 데에는 아무런 관심도 없다. 그는 멀리서 논쟁하고 험담하는 것을 선호한다. 그는 수신자들에게 명령한다. 그들에게 "맡겨진 것"—베커의 용어를 사용하자면, 사실상 "얼어붙은"—을 보호하고(딤전 6:20; 딤후 1:14) 또 그것을 그렇게 보호하고 신실한 후계자들에게 전달해줄 사람들을 선택하라고 요구한다(딤후 2:2). 목회자에 의하면, 오직 바울의 유산만이 수신자들을 그들이 전해 받은 신앙 안에서 지켜줄 것이고, 그 처방에 따르는 사람들의 구원을 보장할 것이다.

5. 대안들

1) 비서 이론

바울 저작을 부인하는 주장들에 대한 반응은 몇 가지 형태로 나타났다. 많은 학자들은 목회서신에 널리 퍼져있는 불가피한 비바울적인 특성이, 특히 독특한 어휘 및 신학과 관련된 특성이, 이것들은 바울의 지시로 기록하는 비서의 작품이라는 증거라고 주장한다.[6] 일부 학자들은 누가(Luke)를 목회서신의 실제 저자로 지명했다. 무울(C. F. D. Moule, 1965:430-52)과 스티븐 윌슨(Stephen G. Wilson, 1979)이 이 가설의 주창자이다.

무울은 이 편지들의 어휘와 문체에 주목하면서, 특히 유대 율법의 적절한 사용을 다루는 디모데전서 1:8-9과 같은 일부 신학적 표현들의 결정적으로 비바울적인 모습에 주목하면서, 이것들의 바울 저작과 관련하여 심각한 의문을 제기한다. 여기서 저자는 율법이 "무죄한 자들"을 위해 의도된 것이 아니라 무법하고 불순종하는 자들을 억제하는 수단으로 의도된 것임을 관찰한다. 율법을 모든 사람에 대한 하나님의 요구의 계시로 보는 바울은 이런 진술을 할 수 없었을 것이다. 그렇지만 확실히 바울적인 인물들의 특성과 누가의 문체 및 사상과의 유사점을 설

---

[6] 고대 세계와 바울 편지들에서 비서 사용에 대한 최근의 논의를 위해서는 Richards(1991)를 보라. 목회서신의 서두나 추신에서는 어떤 비서도 언급되지 않는다는 사실에도 불구하고, Richards는 비서의 영향을 제외하기를 망설이는 것으로 보인다. 바울서신에서 비서를 사용하는 경우에는 언급된다(롬 16:22; 고전 16:21; 갈 6:11을 보라). 이외에도, 그는 이 편지들이 바울에 의해서도 기록되지 않고 그의 비서에 의해서도 기록되지 않았을 가능성은 고려하지 않는다.

명하기 위하여, 무울은 누가가 바울이 죽기 전에 바울의 요구를 받고 세 편지를 다 썼다고 주장한다(딤후 4:11을 보라).

윌슨은 누가가 사도행전을 기록한 후에 이 편지들을 기록했다고 주장한다. 누가는 교회들에서 바울의 편지들을 수집하는 여행 도중에 알게 된 "여행 메모"를 이 편지들에 포함시켰다.[7] 그는 누가가 이 메모를 "그의 위명 편지들을 걸어놓을 쐐기로" 사용했다고 추측한다(1979:4). 윌슨은 단지 누가복음-사도행전과 목회서신 사이의 어휘와 문체의 특정 유사점에 대해서 뿐만 아니라 또한 그것들의 비슷한 교회론적 및 신학적 견해에 대해서도 철저하게 검토한다. 그의 주장에 의하면, 종말론은 양쪽 다에서 "관찰되기는 하지만 눈에 띄지는 않는 주제"이다(1979:18). 헬레니즘 철학에서 높이 평가되는 종교적인 이상인 **경건**(*godliness*, 헬라어: 유세베이아[*eusebeia*])이라는 단어는 오직 목회서신과 누가복음-사도행전에서만 나타난다.

윌슨은 오직 누가복음-사도행전과 이 편지들만이 감독(헬라어: 에피스코포이[*episkopoi*])과 장로(행 20:28을 보라)를 알고 있음을 관찰한다. 둘 다 예언자 활동을 이야기하고 전도자 직분을 언급한다. 사도행전 20:18-35에 나오는 바울의 고별 연설은 세 권의 목회서신 모두를 뚜렷하게 상기시킨다. 누가복음-사도행전은 이 편지들의 구원자 기독론을 반향한다. 또 누가의 바울 묘사도 목회서신의 바울 이미지에 필적한다.

하지만 누가 가설에는 난점이 있다. 무울에 반대하여, 바울서신의 다른 편지들과는 달리 목회서신은 저술에 비서가 관련되어 있다는 증거를 제공해주지 않는다고 주장할 수도 있다. 누가는 사도라는 용어를

---

7 또 Quinn 1978:62-75를 보라. Quinn은 목회서신이 누가가 기획한 세 번째 책에 해당될 가능성을 탐색한다. 누가복음과 사도행전이 누가의 첫 두 권에 해당된다.

12제자에게 한정하는 것을 선호하며, 바울을 사도로 부르는 것을 조심스러워한다(단지 행 14:4, 14에서만, 그것도 단지 바나바와 연관해서만 그렇게 한다). 그렇지만 목회서신의 각각의 시작은 바울을 사도로 공포한다(또 딤전 2:7; 딤후 1:11도 보라).

이 편지들에서는 바울이 사도의 지위를 다른 사람들과 공유한다는 느낌이 들지 않는다(갈 1-2장; 고전 15:9과 비교하라). 몇몇 신학적 및 언어적 유사점이 있지만, 이것은 다른 방식으로 더 잘 설명될 수도 있다. 예를 들어, 누가복음-사도행전과 목회서신은 거의 동시대의 저작물이고, 그들의 각각의 공동체는 둘 다 비슷한 기독교 전통을 전해 들었고 똑같은 헬레니즘 환경의 영향을 받았다. 끝으로, 저자는 바울의 다른 편지들을 알고 있는 것으로 보이지만, 누가는 그렇게 보이지 않는다.

2) 단편 가설

다른 학자들은 그 외에는 위서적인 이 편지들 안에 진짜 바울 단편들이 들어있다고 확신했다. 우리는 이미 해리슨이 목회서신은 바울의 작품이 아니라는 주장을 공고하게 하는 데에 기여한 것을 살펴보았다. 그의 『목회서신의 문제』에서 해리슨은 다섯 개의 "진짜 메모"를 식별해냈다. 그것들은 다음과 같다.

① 디도서 3:12-15
② 디모데후서 4:13-15, 20, 21a
③ 디모데후서 4:16-18a
④ 디모데후서 4:9-12, 22b

⑤ 디모데후서 1:16-18; 3:10-11; 4:1-2a, 5b, 6-8, 18b, 19, 21b, 22

여기서는 비바울적인 특성이 감소한다. 해리슨은 인물들을 허구로 받아들이지 않는다. 이 인물들은 진짜 바울적인 것으로 부각된다.

제임스 밀러(James D. Miller)는 『합성 문서인 목회서신』(*The Pastoral Letters as Composite Documents*, 1997)에서 이 편지들이 진짜 바울 단편을 포함하여 다양한, 이미 형성되어 있는 자료에서 나온 합성 문서라는 논지를 전개한다. 이 편지들에 나타나는 일관적인 주장의 결핍과 논리적인 사상 전개의 결핍은 이것들이 느슨하게 구성된 기록 선집임을 밝혀준다. 그 결과, 이 편지들은 "헬레니즘 도덕 교과서처럼" 읽힌다(1997:113).

현재 형태의 목회서신은 바울의 핵심을 더 길게 교정한 것이다. 예를 들어, 디모데전서는 원래 1:1-7, 18-20; 3:14-15; 6:20-21로 구성되어 있었다. 디도서 3:12-15이 원래의 핵심이고, 그 앞뒤로 현재 디도서의 나머지 전통 자료가 모아졌을 것이다. 목회서신은 단일 저자의 작품이 아니라, 목회자 훈련을 받고 있는 바울의 제자들 그룹에서 나왔다. 이 그룹이 다른 많은 고대 책들과 전집들이 그것들의 최종 형태에 도달하는 방식과 비슷한 방식으로 이 문서들을 편집했다.

밀러의 주장에 따르면, 예레미야서와 이사야서, 많은 사해 두루마리, 디다케(*Didache*), 폴리캅의 빌립보서, 디오그네투스 편지(*Epistle to Diognetus*)는 모두 이와 유사한 방식으로 최종 형태에 도달했다. 우리의 편지들의 경우에는 이 과정이 100년 정도 걸렸을 것이다. 이그나티우스의 편지들을 더 길게 교정한 것이 밀러에게는 목회서신 작성의 가장 좋은 모델로 작용한다.

이 편지들에 대한 밀러의 문학적 분석은 제5장에서 다시 다루어질 것이다. 그가 목회서신에서 찬양적 진술 및 교리적 진술과 같은 이미 형성되어 있던 자료를 제대로 식별해냈다는 것을 의심할 학자들은 거의 없을 것이다. 하지만 이 편지들을 현재 형태로 만든 그룹과 같은 그룹들이 원래 본문의 핵심(*Grundlage*)을 제거해버려서, 이제는 그 핵심이 오직 이미 형성되어 있던 자료의 층을 힘겹게 벗겨내는 작업을 통해서만 드러날 수 있다는 증거가 있는가?

이것은 우리가 밀러에 의해서 제출된 예들에서 실제로 마주치는 것이 아니다. 이그나티우스의 원래 편지들을 더 길게 교정한 교정본은 원래 편지들의 각 단락을 확장한 것으로 구성되어 있다. 비록 합성된 편지들은 원래 편지들보다 약 두 배 정도 더 길더라도, 더 긴 교정본은 원본의 내용과 사상의 흐름을 보전한다. 디오그네투스 편지와 폴리캅의 빌립보서의 원래 본문 형태는 부록에 의해서 아주 분명하게 보완된다. 이 문서들의 원본의 힘과 초점은, 목회서신이 핵심에서부터 최종 형태까지 성장했다는 밀러의 주장에서와는 달리, 첨가되고 추가된 자료에 의해서 가려지지 않는다.

6. 바울 저작 옹호자들

바울 저작을 옹호하는 학자들의 연구와 관심사를 무시하는 것은 심각한 실수일 것이다. 이것은 특히 이 편지들의 동기 문제와 위서가 신약성경 정경 안에 들어있는 것의 적절성의 문제를 제기하는 학자들과 관련하여 그렇다.

비록 세슬로 스피크(Ceslaus Spicq)의 두 권짜리 주석서는 1947년에 처음 출판되고 1969년에 제4판이 마지막으로 재발행되었더라도, 이 주석서가 바울 저작을 가장 광범위하고 일관성 있게 옹호하는 책으로 남아있다. 하지만 이 주석서가 지난 세대에 나온 유일한 변호는 결코 아니다. 스피크는 목회서신이 바울서신의 다른 편지들과 상당히 다른 것을 관찰한다. 목회서신은 단지 신뢰하는 개인들에게 보낸 사적인 교신일 뿐만 아니라, 이소크라테스 및 루실리우스에게 보낸 세네카의 편지들과 관련 있는 권면적인 논설과도 비슷하다(1969:1.38-39, 41-42). 그런 것으로서, 목회서신은 주제 및 장르의 측면에서 바울서신 내에서 독특한 모음을 이룬다. 목회서신에 나오는 다양한 주제의 병치는 동시대에 세네타가 루실리우스에게 보내는 권면적인 편지들과 비교해볼 것을 제안한다(1969:1.41-42). 그러나 만약 이 편지들이 바울에 의해서 기록된 것이 아니라면, 즉 만약 이것들이 위명적인 것이라면, 이것들은 정경에 속하지 않는다.

스피크의 주장에 의하면, 이 편지들에게 논박되는 거짓 교사들은 2세기의 영지주의자가 아니라, 바울도 이전에 고린도 교회 사역에서 마주쳤던 사람들과 같은 유대인 그리스도인 원시 영지주의자이다(1969:1.114; 고전 4:18-20; 고후 10:4-5을 보라). 이 편지들은 우리가 신약성경으로부터 알고 있는 바울의 생애에 들어맞을 수 없는데 반하여, 스피크는 바울이 클레멘트 1서 5.7이 증언하는 스페인 선교 사역을 위하여 사도행전 28장의 투옥에서 풀려났다고 주장한다. 그 후에 그는 동쪽 무대로 되돌아왔고, 체포되고 두 번째로 재판을 받고 네로 통치의 마지막 해나 그 이전 해에 로마에서 처형당했다.

목회서신이 지지하는 신학적 입장은 바울서신의 다른 편지들의 신학적 입장과 일치한다. 비록 항상 익숙한 언어로 표현되지는 않더라도 말이다. 비록 이 편지들이 바울서신의 다른 곳에서는 나오지 않는 기독론을 이야기하더라도, 바울은 황제들의 신적 구원 개입의 구현으로 숭배되는 황제 제의 요구에 대항하려고 하고 있다(1969:1.251-54). 바울이 사도로서 그의 교회들을 감독하는 것을 감안하면, 교회론과 교회의 위계질서는 충분히 예상되는 발전이다. 그 감독 사역이 이제 디모데와 디도에게 전해지고 있다. 교회 직분은 이미 바울서신(빌 1:1을 보라)과 사도행전(14:23; 20:17, 28을 보라)에서 발견된다. 목회서신에 은사가 중단되었다는 증거가 나오기는커녕, 바울이 직접 세운 교회들에서 감독했던 것처럼, 그의 후계자들도 은사 사용을 유심히 관찰해야 한다.

수신자들의 필요에 대처하기 위하여 그의 메시지를 변경할 수 있는 여지가 바울에게 허용되어야 한다. 스피크는 해리슨이 『목회서신의 문제』(1921)에서 이 편지들의 **하곽스 레고메나**(*hapax legomena*)가 오직 2세기 저술가들에게서만 입증되고 1세기의 병행구절은 없다는 인상을 주는 것에 대해 비난한다. 이와 정반대로, 이 단어들 중에서 상당한 부분이 사실은 필로(기원전 40경에 죽음)에서 뿐만 아니라 칠십인역에서도 발견된다.[8] 바울은 필로의 저작을 읽었을 수도 있다. 또 스피크는 비서가, 아마도 누가가, 이 편지들의 소위 비바울적인 어휘와 문체의 일부를 기록했을 수도 있다고 본다(1969:1.199).

스피크의 논의는 그의 사절단과 그들의 교회의 상황에 비추어서 그의 메시지를 표현하는 사도의 융통성에 대한 그의 견해를 이해하는 데에 중요하다. 목회서신에서 바울은 분명히 이방인 청중에게 이야기하

---

8 Harrison 1964:17의 뒤따르는 반응을 보라. Harrison은 목회서신의 하곽스 중의 95개는 칠십인역에 나오지 않는다고 주장한다.

고 있다. 스피크는 유대 전쟁(기원후 66-70)의 발발이 교회를 유대적 기원으로부터 되돌릴 수 없게 분리시켰다고 추정한다(1969:1.294-5). 이 편지들은 이방인들의 관심사가 점점 더 중요해지는 바울 교회를 위해서 새로운 방향을 증언한다. 디모데(행 16:1, 3)와 디도(갈 2:3)는 바울의 유산을 독특한 헬레니즘 언어와 개념을 사용하여 그들의 이방 기독교 공동체에게 중개해 주기에 좋은 위치에 있다. 목회서신에서 바울의 윤리는 처음에는 바울이 파견한 자들이 속한 교회의 문화적 환경의 철학 전통이 인정하는 덕목의 언어로 표현된다(1969:1.175, 294).

스피크는 이 편지들이 그의 유산을 젊은 후계자들에게 전해줄 필요를 뼈저리게 느끼고 있던 노인의 인품을 담고 있다고 주장한다. 스피크는 "이 말은 확실하다"와 같은 틀에 박힌 구절의 빈번함, 영광송과 신조 문구의 장엄함, 교리적인 진술의 빽빽함에 주목하면서, 바울의 사상과 언어 패턴은 모두 많은 나이-심지어는 노쇠-와 죽음의 임박을 연상시킨다고 결론짓는다.[9]

많은 사람들은 바울이 이제는 바울서신의 다른 편지들의 주요 이슈에 의해서 강요받지 않게 되었다는 것을 받아들이기 어려워한다. 예를 들어, 십자가가 그리스도인의 생활을 이해하는 데에 핵심적이라는 그의 이전의 주장이 나타나지 않는 것은 설명하기가 어렵다. 특히 만약 바울이 "기탁물", 즉 그의 유산을 보호하고 그들의 후계자들에게 전달하는 그의 사절들을 염려한다면 말이다.

---

[9] 또 Guthrie 1990:224-40에 들어있는 목회서신의 문체와 어휘에 대한 논의를 보라. 그는 다음의 이유로 이 편지들을 위명 저술가의 것으로 돌리지 않는다. (1) 이것들과 나머지 바울서신 사이의 주제가 다른 점과 새로운 주제의 존재, (2) 전진하는 시대로 인한 변화, (3) 변화된 환경에서의 어휘의 확장, (4) 수신자들의 차이 (왜냐하면 목회서신은 나머지 바울서신처럼 공적인 편지가 아니라 사적인 편지이기 때문이다).

스피크는 단순하게 이스라엘의 우선성, 율법의 역할, 이스라엘이 하나님의 구원사적 목적에서 차지하는 위치 등에 대한 그의 이전의 집중적인 논의를 계속할 필요가 없는 바울을 상상한다. 마치 이것들은 그리스도 사건의 의의에 대한 바울의 인식에 결국에는 중요하지 않은 이슈인 것처럼 말이다. 그는 단지, 교회가 묵시적인 어조와 이미 교회에서 진행되고 있는 종말론적 실제를 축하하는 그의 복음의 유대적인 모습에서 분리되는 것을 묵인할 뿐이다. 내 생각으로는, 교회가 이방 문화와 사회 정서의 주류 속으로 "이동하는" 동안에, 논란이 되지 않는 편지들을 바울은 마치 유대 유산이 벗겨져나갈 수도 있다는 듯이 수수방관하고 있지 않았을 것이다.[10]

사도행전과 바울서신은 바울과 그의 수행원들이 기원후 50년대 말에 예루살렘으로 가져온 것은 이방 신자들이 예루살렘 교회를 위하여 모은 아주 상징적인, 종말론적인 의미로 가득 찬 연보였다는 것에 동의한다(행 24:17; 롬 15:26-27; 참조. 고후 8:1-4, 19). 바울이 체포당한 바로 그 이유(행 21장을 보라)와 그가 황제 앞에 서게 해달라고 주장할 수밖에 없게 만든 주요 환경이 목회서신의 바울에게는 더 이상, 믿을 수 없을 만큼, 중요하지 않게 되었다. 채 10년도 되지 않아서, 사도는 그의 사도 사역을 지워지지 않게 각인하고 회당에서 논쟁하고 토론하도록 그를 유대인과 이방인의 세계로 내몰았던 그것들을 잊어버렸다.

---

10 독자는 1969:1.294-5에 나오는 교회를 위한 "새로운 날"에 대한 Spicq의 논평을 숙고해야 한다. 대조적인 견해를 위해서는 Beker 1980:331-37을 보라. Beker는 롬 15:25-26을 인용하면서, 연보는 유대 기독교의 우선성과 교회에서의 유대인과 헬라인의 본질적인 통일성 둘 다를 입증하는 데에 핵심적인 것이라고 주장한다. 이 외에도, 롬 9-11장은 그의 이방 선교의 적절한 초점은 이스라엘의 회심이라는 바울의 확신을 보여주는 뛰어난 증언이다(참조. Käsemann 1969:241).

그 세계에서 그는 하나님이 조상들에게 주셨던 약속을 그리스도 안에서 입증하셨다는 소식을 부지런히 양쪽 "민족"에게 선포했다. 그리스도 안에서 율법은 끝나고, 한 때 유대인과 그리스도인, 남자와 여자, 종과 자유인 사이에 구분과 분리가 있던 곳에, 그리스도 안에서 새로운 백성이 창조된다.

최근에 몇몇 학자들이 디모데후서는 바울의 진짜 편지라고, 또는 진짜 편지일 수 있다고 주장했다. 마이클 프라이어(Michael Prior)는 그의 『편지 저자 바울과 디모데후서』(*Paul the Letter-Writer and the Second Letter to Timothy*, 1989)에서 용감하게 이 편지 전체가 진짜라고 주장하고, 덧붙여서 목회서신의 다른 편지들도 진짜라고 주장한다. 프라이어는 디모데후서가 바울이 처형당하기 전에 기록한 작별 인사도 아니고 유언도 아니라고 확신한다. 그의 주장에 의하면, 이 해석은 그의 처형이 임박했다는 전통의 영향을 받은 주석가들에 의해서 편지에 덧붙여진 것이다.

디모데후서 4:6에 나오는 바울의 "놓임"에 대한 이야기는 임박한 죽음을 가리키는 것이 아니라(내가 보기에는, 문맥은 필연적으로 이것을 암시한다), 투옥에서 풀려나는 것을 가리킨다. 그 후에, 바울은 이번에는 스페인에서 다시 선교편지를 쓸 것이다. 무라토리안 정경과 베드로행전(*Acts of Peter*)이 이 사태의 변화에 대하여 증언한다.

이와 같이 목회서신과 바울서신의 나머지 사이의 일부 차이점은, 우리가 목회서신에서는 바울이 직접 −비서와 동역자의 중재 없이 자신의 이름으로 기록하면서−이야기하는 것을 듣기 때문에 나타나는 것이라고 설명할 수 있다.

이 점은 또 최근의 바울 저작 옹호자인 필립 타우너(Philip H. Towner)에 의해서도 그의 『디모데전후서와 디도서』(*1–2 Timothy & Titus*, 1994:35)에서 진지하게 고려된다. 하지만 사도의 진정한 목소리가 바울서신의 다른 편지들에서보다도 목회서신에서 더 충실하게 표현되었을 수도 있다는 생각은 바울 사상의 핵심 개념과 위치에 대한 심오한, 아주 솔직하게 말하자면, 혼란스러운 질문을 제기한다.

제롬 머피-오코너(Jerome Murphy-O'Connor)는 그의 "디모데전서 및 디도서와 대조되는 디모데후서"(2 Timothy Contrasted with 1 Timothy and Titus)라는 논문에서 이 프라이어의 논지를 발판으로 삼는다(1991:403-18). 머피-오코너는 디모데후서와 디모데전서/디도서 사이에서 30개의 차이점을 발견한다. 디모데후서의 기독론적 표현, 교회 관료주의에 대한 기술, 거짓 교사들에 대한 묘사와 관련하여, 그는 공동 저자를 배제시킬 충분한 근거가 있다고 결론짓는다. 그는 바울을 저자로 지명하기 직전에서 멈춘다. 나중에 기록된 디모데전서와 디도서 사이의 유사점은 그 저자들이 디모데후서를 모방한 데서 기인한다.

머피-오코너는 더 최근에 나온 그의 『바울 편지 저자: 그의 세계, 선택, 기술』(*Paul the Letter-Writer: His World, His Options, His Skills*, 1995)에서 디모데후서의 "진정성"에 대해 이야기한다. 그럼에도 불구하고, 그가 뽑아내는 차이점이 어떻게 굳이 공동 저자를 배제시키는지는 이해하기가 어렵다.

루크 티모디 존슨(Luke Timothy Johnson)은 그의 『바울의 사절들에게 보낸 편지들: 디모데전서, 디모데후서, 디도서』(*Letters to Paul's Delegates: 1 Timothy, 2 Timothy, Titus*, 1996)에서 이 각각의 편지들이, 특히 디모데후서가 바울에 의해서 기록되었을 수 있다는 견해를 표명한다. 이 편지들은 우리가 알고 있는 바울의 생애 연대기에 맞춰질 수 없는 반면에, 또한 우리는 그의 생애에 대해 우리가 알고 있는 것에는 이 편지들에서 암시되는 상황이 발생했을 수 있는 틈도 있다고 고백해야 한다.[11] 목회서신의 문체는 바울적인 요소와 비바울적인 요소의 혼합을 보여주고, 디모데후서의 어휘는 다른 바울 편지들과 더 가깝다.

그렇지만 어떤 초기 기독교 저술가도 이 이유 때문에 목회서신의 진정성에 의문을 제기한 적이 없다. 문체의 기준은 초기 교부들이 베드로전서와 베드로후서의(Jerome), 히브리서와 바울서신의(Origen), 요한계시록과 제4복음서의(Dionysius of Alexandria) 공동 저자를 상정하는 장점을 고려할 때에 사용되었다. 목회서신에 나오는 교회 구조는 이그나티우스에 나오는 구조보다는 바울 교회와 디아스포라 회당에서 드러나는 구조에 더 가깝다.

존슨은 이 편지들의 신학이 가장 어려운 이슈라고 인정한다. 하지만 존슨은 바울의 모든 편지들이 "주제, 청중, 바울이 사용하는 전승, 환경에 의해서 요구되는 문학적인 관습" 같은 우연적인 것의 영향을 받는다고 결론을 내린다(1996:18). 그럼에도 불구하고, 여전히 많은 학자들은 이런 방식이 나머지 바울서신들과 비교할 때에 드러나는 목회서신의 유례없는 특수성의 문제를 제대로 다루고 있다고 생각하지 않을 것이다.

---

11 Towner(1994:17-19)는 그레데 선교(딛 1:5을 보라)가 행 19:20과 19:21 사이의 기간에 에베소로부터 실시되었을 수 있다고 주장한다.

7. 목회서신과 위명성의 문제

루크 티모디 존슨은 자신의 주석서에서 이 편지들이 기록되고 진짜로 받아들여지게 된 상황을 밝혀내기 위하여 위명 저작 옹호자들에게 이의를 제기한다. 조지 나이트 3세(George W. Knight III)는 『목회서신』(*The Pastoral Epistles*, 1992)에서 좀 더 집요하게 이의를 제기한다. 그는 목회서신의 위명성 주장자들은 왜 이 편지들의 표면적인 주장이 무시되어야 하는지 그 이유를 보여줄 책임이 있다고 주장한다.

게다가, 교부들은 저작들이 위명으로 기록되었는지 아닌지를 결정할 수 있었다. 이와 비슷한 방식으로, 어얼 엘리스(E. Earle Ellis)는 비윤리적인 속임과 위명성이 서로 관련되어 있다고 주장한다(1992:212-24). 만약 목회서신이 위명적인 것이라면, 그것들은 정경에 부당하게 포함되었고 따라서 제거되어야 한다.[12] 스탠리 포터(Stanley E. Porter)도 "바울 저작과 목회서신: 정경을 위한 함축"(Pauline Authorship and the Pastoral Epistles: Implications for the Cannon)이라는 도발적인 논문에서 이와 비슷한 관심을 표명한다(1995:105-23).

이 편지들의 진정성에 반대하는 주장들과 익명성을 다루는 최근의 중요한 연구들을 개관한 후에, 그는 다음의 질문을 제기한다. 만약 목회서신이 대부분의 현대 학자들이 주장하는 것처럼 분명하게 위명적인 것이라면, 그것들이 도대체 어떻게 정경 속으로 받아들여졌을까?

오직 흠잡을 데 없는 사도적인 가계를 갖고 있는 저작들만 수용하고 다른 위명적인 것들은 거부한 교부들이 이 편지들의 위명적인 특성을

---

[12] 위명 저작은 비윤리적인 기만으로 이루어진다는 견해에 대한 논의를 위해서는, Candlish 1891:91-107, 262-79와 Torm 1977:111-48을 보라.

발견하지 못했기 때문에, 아마도 우리는 지금 목회서신을 정경에서 제외시켜야 할 것이다.[13]

노베르트 브록스(Norbert Brox)는 그의 『잘못된 저자 진술』(*Falsche Verfasserangaben*, 1975)에서 그리스-로마의 문학 전통, 히브리어 성경, 초기 유대교 문학, 신약성경을 망라하여 위명성 현상을 다룬다. 또 그는 초기 교부들이 위서의 문제를 다룬 것을 개관하기도 한다. 그는 많은 위서 저자들이 장엄한 과거에 대한 압도적인 존경심 때문에 그들의 저작을 고대 사람들의 것으로 돌리려는 자극을 받았다고 본다. 그는 특정 철학 학파들의 관습을, 특히 피타고라스학파의 관습을 언급한다. 이 학파는 위서를 만들어냄으로써, 흩어져서 존경하는 스승의 가르침을 퍼뜨렸다. 또 그는 고상한 목적을 위하여 하는 거짓말이라는 아주 발전된 의식도, 즉 플라톤에게서 자세하게 논의된 개념도 있다는 것을 살펴본다.[14] 이것을 근거로 삼아, 그는 위서가 긴급하고 중요한 필요를 이야기하기 위하여 먼 과거의 또는 그리 멀지 않은 과거의 훌륭한 제3자의 이름으로 기록될 수도 있다고 주장한다.

결과적으로, 만약 목회서신의 저작에 속임수가 있다면, 그것은 위명 저술이 거짓 가르침에 직면한 바울의 유산을 방어하는 확실한 방법을 제시했다는 이유로 정당화된다(참조. Metzger 1972:3-24).

루이스 도넬슨(Lewis Donelson)도 이와 비슷하게 주장한다. 2세기는 그

---

[13] Wall(1995:125-28)의 간결한 반론을 보라. 그의 주장에 의하면, 목회서신이 바울에 의해서 기록되었다는 신념은 "신앙공동체 안에서 지속되는 그것들의 권위"와 "바울 전통의 매개체로서의 그것들의 수용"에 대한 신학적 판단"이다(1995:126-27)).

[14] *Republic* 2.376E-383C; 389B; 414 C-E를 보라. 또 *Laws* 5.730C도 보라. 이 "고상한 거짓말"은 기독교 전통에 만연되어 있다. 또 Donelson 1986:18-23도 보라. 그는 Origen이 실제로 *Republic* 2.389B를 정당화의 근거로 인용하는 것을 언급하면서, 예를 들어 Origen, *Against Celsus* 4.19를 인용한다.

리스도인의 생활에 대한 경쟁적이고 상반되는 이해들이 강렬하고 치열하게 논쟁되던 시대였다. 그의 『위서들과 목회서신에 나오는 도덕적 주장』(Pseudepigrapha and Ethical Argument in the Pastoral Epistles, 1986:7-66)의 제1장에 나오는 2세기의 서신적인 위서들에 대한 그의 개관은, 사도들과 사도 시대의 다른 위대한 인물들의 이름이 잔존하는 문서들에서 옹호되는 관점의 배후 권위로 얼마나 빈번하게 사용되었는지를 보여준다.

초기 교회에서 저술가들은 "이단"의 가르침에 대항하여 믿음을 수호해야 하는 도전에 응할 때에, 사도 시대에 인도와 지지를 기대했다. 문학적인 속임의 위험을 무릅쓰고 한 사도, 한 동시대인, 또는 한 동역자의 이름으로 기록하는 것은 담보되지 않은 것이었다는 말이다. 그렇지만 도넬슨의 관찰에 의하면, 그 누구도 "위조된 것으로 알려진 문서를 종교적으로 또 철학적으로 규범적인 것으로 받아들인 것으로 보이지" 않는다(1986:11, 16; McDonald 1995:232).[15] 하지만 교회에서 사도적 믿음

---

15 Donelson(1986:21-22)은 "Timothei ad ecclesiam"이라는 재물에 대한 논문을 쓴 장로인 Salvian(5세기 전반부)에 대해 논의한 많은 학자들 중의 하나이다. 책임 추궁을 당하자, 장로는 고대 세계에서 유래하는 위명 저작 저술 관습에 대해 유일하게 알려진 변호를 한다. Salvian은 이 논문의 저자를 간접적으로 언급하면서, 그의 가면을 유지한다.
Salvian의 주장에 의하면, 그 위명 저자는 사람들이 물질주의에 대한 중요한 메시지에 귀를 기울이게 할 필요가 있었는데, 이런 일은 만약 저자가 자신의 이름을 사용했다면 일어나지 않았을 것이다. 이 외에도, Salvian은 어떤 책의 가치는 저자에게가 아니라 고유한 값어치에 있다고 결론짓는다. Salvian의 변호 본문을 위해서는 O'Sullivan 1947:256-63을 보라. 공감하는 평가를 위해서는 Haefner 1934:8-15를 보라.
다른 한편으로, 명백하게 솔로몬을 저자로 주장하는 솔로몬의 지혜서는 보편적으로 성경으로 간주되었다. 심지어는 이 요구를 거부하는 당국에 의해서도 그렇게 간주되었다. 무라토리안 정경은 지혜서가 솔로몬에 의해서가 아니라 "그의 명예를 위하여 친구들"에 의해서 기록되었다는 것을 알면서도, 실제로 지혜서를 (신약성경 정경에 포함시키면서) 열거한다. 이 책을 거의 보편적으로 솔로몬의 것으로 돌리는 것에 대해(지혜서 7:1-22a; 8:17-18을 보라) 의문을 제기한 최초의 교부는 Augustine이었다.

을 유지하는 것이 교회를 속이는 것을 정당화했다. 왜냐하면 "선한 거 짓말"의 필요성이 컸기 때문이었다(1986:20).

그러나 그 과업은 비범한 기술을 요구했다. 만약 위서 저자들이 속이는 데에 성공하려면, 그들은 그들의 작품이 진짜라는 환상을 만들어 내야 했다. 이런 이유로, 목회서신의 인물들은 그것들의 정말 같은 분위기를 강화하기 위하여 고안된, 고대 문학에서 결코 전례가 없지 않은 대담한 전술이라고 설명할 수 있다(1986:54-66). 그렇다면 위서 저술은 초기 지도자들-"정통적인" 지도자들과 "이단적인" 지도자들 둘 다-이 그 믿음의 경계를 정의하고 확립하려고 노력했던 과정의 핵심적인 일부였다. 목회서선의 경우에는, "정통"이 "이단"을 공격하기 위하여 바울을 재생시키고 있다(Donelson 1986:59-65; 참조. Bauer 1971:226; Hoffmann 1984:282-87).

끝으로, 도넬슨은 사도 교리와 사도 저작 사이에는 불가결한 관련이 있다고 주장한다. 그래서 어떤 책의 내용이 정통 교리와 일치한다는 확신은 사도 저작의 주장이나 확언과 관련하여 결정적인 것이 된다(1986:42-54, 55 n. 186).[16] 이것은 터툴리안과 유세비우스에게서 잘 예시된다. 둘 다 가짜 문서들에 대한 거부를 증언한다. 둘 다 주로 그것들 안에 들어있는 교리적인 비정통성 때문에 위서들을 인정하지 않는다.[17] 다

---

[16] Against Marcion 4.5(ANF 3.350)에 나오는 마가복음과 누가복음의 저자에 대한 Tertullian의 논평은 딱 들어맞는다. "마가가 출판한 복음서는 베드로의 것으로 확인될 수 있을 것이다. 마가는 그의 해석자였다. 왜냐하면 복음서의 누가 형태도 사람들은 보통 바울의 것으로 돌리기 때문이다. 그리고 제자가 출판하는 저작은 그의 스승에게 속하는 것으로 보일 것이다." 또 Mark Kiley 1986:15-35와 Richard J. Bauckham 1988:469-94에 나오는 위명 저작에 대한 개관을 보라.

[17] 200년경에 Tertullian은 세례에 대한 논문을 썼다. 제17장에서 그는 감독의 승인 없이 또 일반적인 경우에 이 성례를 행하는 평신도의 주제넘은 확신에 반대한다. 또 그는 역시 주제넘게 가르치는 어떤 여자가 가르치고 세례를 주는 권리가 여자들에게 확장

른 한편으로, 목회서신은 바울의 것으로 인용되기 시작한 때부터, 즉 이레니우스 이래로 진짜로 간주되었다. 왜냐하면 이것들은 가르침의 차원과 사도의 특징을 환기시키는 차원에서 설득력이 있었기 때문이다. 목회서신이 확언한 것은 정통 교사들이 고백한 것과 일치했다. 특히, 이레니우스와 터툴리안에게 나오는 인용의 빈도가 보여주듯이, 이것들은 바울을 뛰어난 사도로 여겼던 마르시온주의 및 영지주의 "이단들"과 싸우는 데에 아주 유용했다.

되는 것에 대한 정당화로써 바울행전(*Acts of Paul*)에 호소하는 것을 알고 있다.
이 행전에서는 한 여자(Thecla)가 바울에 의해서 세례를 받고 설교할 수 있도록 하였다. 그는 어떤 아시아 장로가 근래에 "바울을 향한 사랑으로" 저술했기 때문에 그의 직무에서 쫓겨났다고 말한다(*On Baptism*, 17[ANF 3.677]). 그러므로 이 행전이 여자들에게 가르치고 세례를 주는 자격을 부여하지 않도록, 이 행전의 가짜 본질이 밝혀지는 것이 중요했다. Tertullian에 의하면, 바울행전은 거의 믿을 수 없다. 왜냐하면 여자에게 "지나치게 대담하게 배우는 것"도 허용하지 않은 사도가 여자에게 가르치고 세례를 주는 권위를 주었을 리가 없기 때문이다.
Eusebius, *Ecclesiastical History* 6.12.6에서 안디옥의 감독 Serapion은 마침내 Rhossus 공동체가 사용하던 베드로복음서(*Gospel of Peter*)를 정죄했다. 왜냐하면 그는 그 안에서 가현설적 가르침을 발견했기 때문이다. 처음에는 그는 이것의 사용을 용인할 준비가 되어 있었다. 비록 그가 "우리에게 전해진" 베드로의 저작들 가운데서 이 복음서를 알지 못했더라도 말이다.
초기 교회에서 이루어진 정경화 과정에 대한 최근의 설명을 위해서는 Lee M. McDonald(1995)를 보라. McDonald는 그의 다섯 가지 정경 기준(사용, 사도성, 고대성, 영감, 정통성) 중에서 사용이 가장 중요하다고 주장한다(1995:246-49). "가장 초기의 기독교 선포를 가장 잘 전달한다고 간주되고 또 3세기와 4세기의 지역 교회들의 점증하는 필요에 가장 잘 대처한 저작들은, 그들(교부들)이 거룩한 성경으로 선택한 저작들이었던 것으로 보인다"고 그는 결론짓는다(1995:248).

8. 결론

목회서신의 저자와 관련된 논쟁은 분명히 한편으로는 위명 저작을 지지하는 일련의 강력한 주장들을 이끌어냈고, 다른 한편으로는 다양한 반대 주장들을 이끌어냈다. 비서 이론과 단편 가설은 여전히 어느 정도 지지를 받고 있다. 바울 저작을 지지하는 옹호자들은 성경에 위서가 들어있다면 정경의 완전성과 성경의 권위가 무너지게 될 것이라고 주장한다.[18]

최근에 루이스 도넬슨(1986) 같은 학자들이 이 옹호자들이 제기한 이의들을 다루었다. 그는 목회서신을 "이단적인" 가르침에 직면한 교회를 보호하기 위하여 사도적 믿음을 방어하는 저자를 합법화하고 또 사도를 "정통" 가운데 복원시키려고 하는 2세기 초의 시도로 이해한다. 하지만 그는 저자가 사도의 독특한 메시지를 이해했다고 확신하지는 못한다. 도넬슨에 의하면, 목회자는 "대부분 소문과 전설로 알고 있는 사람"을 방어하고 있다(1986:60). 저자가 바울의 메시지를 어느 정도로 말했느냐는 문제가 다음 장의 주제이다.

---

[18] 하지만 Metzger 1972:22 n. 67과 Donelson 1986:201의 신중한 논평을 보라. Donelson은 인용할 가치가 있다. "위서라는 당혹스러운 골칫거리는 성경의 권위의 중심을 공격한다. 정경 안에 위서가 있다는 생각 전체를 거부하는 보수적인 학자들의 열정은 근거가 충분하다. 왜냐하면 그것을 인정하는 것은 정경이 그들이 원하는 것이 아니라고 인정하는 것이 되기 때문이다."

제2장

목회서신과 바울 전통

1. 서론

이 편지들의 위명성 옹호자들은 여기서 표현되는 신학이 대부분 바울서신의 신학과 특히 논란이 되지 않는 편지들의 신학과 양립할 수 없다고 주장했다. 일부 학자들은 목회서신이 "쇠퇴한" 바울주의나 바울로부터의 "타락"을 대변하고 있다고 말한다. 다른 학자들에게는, 이것들은 "초기 가톨릭주의"의 등장을 보여준다. 이 편지들은 교회가 점점 제도화되는 것과 은사적인 재능이 공적으로 인정받은 사역으로 대체되는 것을 보도한다.

다른 한편으로, 바울 저작 옹호자들은 이 편지들에서 표현되는 독특한 신학은 수신자들의 전례 없는 상황 때문이라고 주장했다. 이전에 바울이 유대인 그리스도인들과 주고받은 서신들을 지배했던 이슈들은 그의 복음의 원래의 유대적인 표현에 익숙하지 않은 이방인들에게 더 잘 어울리는 관심사들로 대체된다.

2. 목회서신 내의 바울 전통

1960년대 이후로 다수의 학자들이 이 편지들에 표현되어 있는 바울 전통 내용에 주목했다. 이 학자들은 목회서신을 바울 전통의 현실화와 구체화로 분석한다. 노베르트 브록스(Norbert Brox, 1969:67-68)와 위르겐 롤로프(Jürgen Roloff, 1988:39-40) 같은 몇몇 현대 학자들은 목회서신의 저자가 대부분은 10개의 바울서신에서 발견되고 일부는 사도행전에서 발견되는 바울 전통을 알고 있었고 이것과 대화했다고 생각한다(참조. Barnett 1941:277; Trummer 1978: 88-89).

알버트 바네트(Albert E. Barnett)는 목회서신과 다른 정경적인 바울서신 사이의 문학적인 관계에 대한 주의 깊은 분석에서, 목회서신은 모든 바울 편지들을 암시한다고 결론짓는다.[1]

브록스는 목회서신에 나오는 전통을 사도행전의 구절들에서, 특히 사도행전 20:18-35에 기록되어 있는 바울의 고별 연설에서 마주치는 세 부사항으로 추적해 올라가는 많은 학자들 중의 하나이다. 예를 들어, 바울은 사도행전 20:20에서 교사로 제시되는데, 이것은 목회서신에 나오는 바울이라는 인물의 중요한 측면이다(딤전 2:7; 딤후 1:11; 4:7을 보라). 사도행전 20:28에 나오는, 막중한 목회 임무를 부과하는 그의 절박한 권면은 디모데전서 6:20과 디모데후서 1:13-14; 2:2에서 반향된다. 이것은 공동 저자가 저술했다는 증거가 아니라, 바울서신과 사도행전에 접근할 수 있는 바울 학파 같은 어떤 것의 활동이 있었다는 증거이다.[2]

---

[1] Barnett 1941:251-77을 보라. 또 Harrison 1921:167-75; Roloff 1988:39-40도 보라. 바울 편지들 모음이 2세기 초에 존재했다는 증거를 위해서는, 벧후 3:15-16과 Ignatius, *Letter to the Ephesians* 12.2를 보라.
[2] Conzelmann 1965-66:231-44; Schenke 1975:505-18; Meade 1986:9-10을 보라.

클라우스 베게나스트(Klaus Wegenast, 1962)는 논란이 되지 않는 바울서신과 목회서신을 포함하여 제2바울서신에 들어있는 전승 이해를 조사한다(1962:132-57). 전자에서는 바울은 구두 전승(고전 15:1-11과 같은)에 호소하거나 그와 수신자들이 알고 있던 문학 전승(빌 2:5-11과 같은)을 인용한다. 이 전승들은 독립적으로 사도에게서 유래되었고, 그가 받은 독특하고 직접적인 계시에 대한 증언을 확인해주고 있다(갈 1:11-12을 보라). 바울은 자신이 그 전승에 대하여 자유롭다는 것을 보여주는 전승을 존중하는 입장을 취한다.

목회서신을 살펴보자면, 베게나스트는 저자가 수신자들이 "맡겨진 것"(헬라어: 파라테케[paratheke], 딤전 6:20; 딤후 1:14을 보라)을 보호하는 것에 지대한 관심을 갖고 있다는 것을 관찰한다. 베게나스트는 이 "맡겨진 것"을 바울 전통으로 이해한다. 즉 이제 바꿀 수 없는 것으로, 결정된 것으로, 어떤 대가를 지불하더라도 그대로 보호하고 전해줘야 하는 것으로 간주되는 바울 유산 전체로 이해한다. 이것이 교회 직원들의 주된 업무이다. 바울에게서는 그가 계시로 받아서 선포한 복음이 모든 전승들(헬라어: 파라도세이스[paradoseis])의 규범으로서 그것들 위에 있었던 반면에, 목회서신에서는 그 맡겨진 것이 바울 유산에 대한 당시의 모든 표현들 위에 있다. 바울 교회를 바울 유산에 대한 잘못된 해석으로 오염시키고 있는 초기 영지주의자들과 싸우는 투쟁에서, 목회서신은 그 맡겨진 것을 기록의 형태로 현실화한 것이다.

이외에도, 이 편지들은 이것들에 구체적으로 표현되어 있는 메시지를 위임하고 교회 직원들에게 보호하고 지도하는 역할을 허용하는 바울의 이미지를 전해주는 강력한 매개물이다. 이 편지들이 이야기하는 바울의 유산은 그대로 현재 지도자들에 의해서 신실한 후계자들에게로 전달되어야 한다. 바울은 복음의 저자(author)와 보증인이 되었다(딤전 2:7; 딤후 2:8). 그런 존재로서, 그는 거짓 교사들과의 싸움을 승인해주고, 또 그 자신이 바울 교회의 정체성을 보호하는 투쟁에서 핵심적인 무기이다.

3. 바울의 역할과 이미지

바레트(C. K. Barrett)의 간략한 책 『사도의 표시』(*The Signs of an Apostle*, 1970)는 몇 쪽에 걸쳐서 목회서신과 목회서신과 사도의 관계를 다룬다 (1970:54-56). 바레트의 생각에는, 바울이 이 편지들의 박해받는 "영웅"이다. 이 편지들은 다른 사도를 암시하지 않는다. 그럼에도 불구하고, 이 편지들에 나타나는 바울의 모습은 역사적인 바울과 일반적으로 생각하는 것보다 더 많은 공통점을 갖고 있다. 디모데전서 2:7과 디모데후서 1:11은 바울을 단지 사도로 뿐만 아니라 또한 "이방인들의"(딤전 2:7) "선포자"(헬라어: 케룩스[*kerux*])와 "교사"(헬라어: 디다스칼로스[*didaskalos*])로도 언급한다.

바울은 마지막 두 용어를 사용하지는 않았지만, "선포자"라는 표현의 적절성을 인정했을 것이다. 바레트는 바울이 당시의 그리스-로마 환경에서 이 용어에 내재되어 있던 신성 개념 때문에 이 용어를 의도적으로 사용하지 않았을 것이라고 추정한다(1970:54). 이와 대조적으로, 그는 고난과 그의 사도직이 필연적으로 결합되어 있다는 것을 인식하고, 고난의 필요성을 전적으로 인정했다. "선포자"라는 용어를 사용할 때에, 목회서신의 저자는 디모데후서에서 가장 명백하게 드러나는 바울의 고난에 대해 충분히 알고 있다.

또 이 편지들에서는 바울의 자의식의 다른 측면들과도 마주치게 된다. 바울은 비록 "죄인들의 괴수"이더라도 하나님의 은혜를 전하는 설교자가 되라는 그의 소명에 대해 고상한 견해를 갖고 있다(딤전 1:11-16). 이것은 역사적인 바울의 고통스러운 과거 인식과 일치한다(예를 들어, 고전 15:9를 보라). 또 저자는 그리스도인의 삶은 "그리스도와 함께 죽는 것"이라고 할 수 있다는 사실뿐만 아니라(딤후 2:11; 참조. 롬 6:3; 갈 2:19-20) 복음을 보호해야 할 필요성도 알고 있다(갈 1:8과 예를 들어, 딤전 6:20을 보라).

마티누스 드 보어(Martinus C. de Boer)의 통찰력 있는 논문 "사도 이후 시대의 바울의 이미지"(Images of Paul in the Post-Apostolic Period, 1980)는 학자들이 목회서신에 나타나는 바울의 이미지라는 주제로 1970년대와 1980년대 초에 쓴 몇몇 논문 중의 하나이다(참조. Collins [1975]; Wilson [1976]; Hanson [1981]). 목회서신은 바울을 뛰어난 사도로 간주하는 에베소서와 골로새서의 경향이 더 충분히 발전된 것을 보여준다(1980:364). 드 보어에 의하면, 고난은 논란이 되지 않는 편지들(고전 4:9-13; 고후 4:7-12; 갈 6:14-17)과 목회서신에서 사도의 자아 이해에 필수적인 것이다. 후자에서는, 사도의 고난이 후계자들의 모델이 된다. 정말로, 이것은 참된 사역의 결정적인 표시이다(딤후 2:3; 3:12을 보라). 또 바울은 목회서신에서 한때 교회를 박해했던 사람으로 묘사되기도 한다.

이 전승은 (문학적인 차원에서는) 사도행전과 바울 자신의 말로는 갈라디아서 1:13, 23; 빌립보서 3:6; 고린도전서 15:9에서 유래한다. 사도행전 및 에베소서와 더불어, 목회서신은 거짓 교사들과의 싸움에서 바울을 유일한 사도, 교사, 선포자로 정당화하기 위하여 전승에서 잘 알려진 이 사실을 이용한다. 그의 과거는 그의 현재의 고귀한 자격을 강조하는 역할을 한다.

    죄인의 원형인(딤전 1:15) 바울은 복음을 세계에 전하는 과업을 수행하기 위하여 또 믿는 모든 사람들에게 모범이 되기 위하여 하나님으로부터 긍휼히 여기심을 받았다. 이 복음은 반율법주의적인 생활 방식을 권장하기는커녕(드 보어는 거짓 교사들이 이렇게 주장하고 있다고 생각한다) 경건한 생활로 인도한다(딤전 1:16). 비록 목회자가 율법에 대한 바울의 가르침을 오해했더라도(또는 그것이 이제는 적절하지 않게 되었더라도), 그는 바울의 메시지가 그것과 총체적으로 결합되어 있다는 것을 알고 있다. 이 사실은 디모데전서의 시작에 나오는 율법의 목적에 대한 즉각적인 확인에서 드러난다. 율법이 제대로 사용될 때에, 그것은 뻔뻔스러운 악한 행동에 유죄판결을 내린다(딤전 1:8을 보라). 바울을 교사로 묘사하는 것(참조. 행 20:20 21; 28:31)은 신약성경에서 이 개념이 가장 많이 발전된 단계를 보여준다.

4. 목회서신-바울 전통의 현실화

    목회서신에서 표현되는 바울 전통의 다른 측면들에 대한 바레트와 드 보어의 연구에는 힌트들이 들어있다. 피터 트루머(Peter Trummer)는 이것들을 1978년에 출판된 중요한 단행본에서 좀 더 철저하게 전개한다(또 1981:122-46도 보라). 트루머는 오직 이 편지들의 위서적인 본질과 바울 전통의 구체화 내지 현실화라는 특성 둘 다를 인식할 때에만,

이 편지들을 제대로 해석할 수 있다고 생각한다. 목회자는 바울 전통의 문학적 및 신학적 측면을 현실화한다. 그는 이 전통을 개작 및 변화시키고, 사도의 권위를 이제 역사적인 바울의 상황과는 연속되지 않는 상황 속으로 확장한다. 그런 것으로서, 목회서신은 바울서신의 정경화에 대한 중요한 증거이다.

목회서신의 저자에 대한 최근의 연구를 검토한 후에, 트루머는 제3단원(1978:107-60)을 목회서신과 바울서신의 문학적 유사점에 대한 연구에 할애한다. 그는 목회자가 바울서신에서 마주치는 어구에 틀림없이 의존하는 많은 경우를 인지한다.

예를 들어, 디모데를 존경받는 동역자로 묘사하는 것은 고린도전서 16:20뿐만 아니라 빌립보서 2:19-22과 고린도전서 4:17에 나오는 그에 대한 설명에도 많은 빚을 지고 있다(고후 8:23에 나오는 디도를 참조하라). 디모데전서 2:11-12에 나오는 교회에서 가르치는 여성들에 대한 목회자의 금지 명령은 고린도전서 14:33b-26에 의존하고 있다. 바울이 고린도후서 11:3에서 언급하는 하와의 "속음"은 디모데전서 2:14에서 환기된다. 또 사도행전의 반향도 있다. 사도행전 13:14, 51; 14:1, 6, 21에 기록되어 있는 바울과 그의 일행이 겪은 어려움이 디모데후서에서 암시되는 것으로 보인다. 목회자가 구약성경을 인용하는 몇몇 경우들 가운데서 두 경우에, 바울이 동일한 구절들을 사용하는 것과 비교해볼 수 있다.[3]

제4단원(1978:161-240)은 바울신학이 목회서신에서 취하고 있는 형태를 조사하는 데에 할애된다. 이 편지들에서 바울의 칭의 가르침은 인식

---

3 신 25:4은 고전 9:9과 딤전 5:18에서 인용된다(참조. 딤후 2:6). 신 19:15은 고후 13:1과 딤전 5:19에서 인용된다.

가능한 형태로는 분명히 발견되지 않는다. 하지만 목회자는 신자들이 "행위로"가 아니라 하나님의 은혜와 자비로 구원받는다고 주장한다(딤후 1:9; 딛 3:5). 바울이 "행위"를 말할 때에, 그는 "율법의 행위"를, 즉 할례와 율법에 규정되어 있는 유대 정체성의 다른 표지들을 염두에 두고 있다(갈 2:16; 3:1, 11, 24을 보라). 하지만 목회자가 "행위"를 말할 때에는, 그는 이 개념을 바울을 이해하는 데에 아주 중요한 유대 배경 너머로 가져가서, 단순하게 또 일반적으로 "행위"를 말하거나(딤후 1:9) "의의 행위"를 말한다(딛 3:5). 이 점에서 그는 에베소서의 저자와 비교될 수 있다(2:8-9을 보라).[4]

바울 사상이 그 역사적인 특수성에서 느슨해지고 있는 중이다. 트루머는 목회서신의 기독론을 종합적인 것으로, 즉 바울적인 요소와 비바울적인 요소를 둘 다 포함하고 있는 것으로 판단한다. 바울의 고난은 이 편지들에서 분명히 중요하고, 특히 디모데후서에서 강력하게 반향된다. 목회서신의 윤리는 바울서신에 많은 빚을 지고 있다. 트루머는 바울과 목회자가 둘 다 그리스도인의 행실의 기초를 그리스도의 선포에 둔다는 사실을 특히 강조한다.[5]

따라서 이 편지들의 윤리는 전통적인 지혜의 요약으로 이해되면 안 된다. 바울의 임박한 파루시아 기대가 다소 감소했더라도, 미래적인 기

---

[4] 이 이슈에 대해서는 Marshall 1996:339-58을 보라. Marshall의 주장에 의하면, 논란이 되지 않는 편지들에 나오는 믿음과 "율법의 행위"에 대한 바울의 가르침은 에베소서와 목회서신에서 바울 이후의 해석자들에 의해서, "하나님은 인류에게 호의를 베풀게 할 수 있는 사람의 행위에 기초하여 그리스도 안에서 행하셨다"는 것을 바울이 부인했다는 의미로 해석된다(1996:358). 이와 같이 Marshall은 바울의 "율법의 행위"를 유대교 신앙고백의 "표식"과 동등시하는 견해에 의문을 제기한다.
[5] 딛 2:9-10, 12의 권면은 2:11에서 언급된 선포(kerygma)에 근거하고 있다. 또 딛 3:8의 권면과 3:4-7의 케리그마적 표현어구 사이의 연관도 보라.

대를 의식하고 있다는 점에서 목회서신은 다른 제2바울서신보다 논란이 되지 않는 편지들에 더 가깝다.

마지막으로, 트루머는 자신의 주장을 간략하게 요약하는 부분에서 (1978:241-50) 이 편지들에 대한 많은 연구가 이것들과 나머지 바울서신 사이의 대조를 과장했고, 그 결과 바울 전통의 현실화라는 목회서신의 본질이 흐려졌다고 주장한다. 이것들을 변화된 바울 전통의 구체화로 간주할 증거가 충분히 있다. 이것들은 사도가 그의 고유한 역사적인 특수성을 뛰어넘어 현재에 도달하는 것을 촉진하고 합법화한다.

게하르트 로핑크(Gerhard Lohfink)의 에세이 "목회서신에 수용되어 있는 바울신학"(Paulinische Theologie in der Rezeption der Pastoralbriefe, 1981:70-121)은 트루머의 논지의 요점을 확인해준다. 그도 바울서신과 목회서신 사이의 많은 주제적인 연결을 강조한다. 그렇지만 이 편지들은 분명히 이 주제들을 발전시키기도 한다. 바울은 자신을 수신자들의 모범으로 말하는 반면에(고전 4:16; 11:1; 빌 3:17; 살전 1:6; 갈 4:12), 목회서신은 바울을 구원 받은 인류의 원형으로 제시하기 위하여 그의 권면의 이 측면을 더 선명하게 한다(딤전 1:15을 보라). 이 편지들은 사도의 고난을 강조하고 이 고난을 그의 사도직에 필수적인 것으로 간주하지만, 바울이 자인하는 육체적인 약함(예를 들어, 고후 12:8-10을 보라)은 이 편지들에는 거의 표현되어 있지 않다. 로핑크의 주장에 의하면, 이 편지들에서 논박되는 사람들이 소속되어 있는 영지주의자들은 고난 받을 준비가 되어 있지 않았다.[6]

---

6 Lohfink 1981:92를 보라. 또 각주 57에 나오는 이 제안을 지지하는 초기 교부들의 명단도 보라. 예를 들어, Tertullian, *Scorpiace* 15(ANF 3.648)와 *Against all Heresies*

클라우스 베게나스트와는 완전히 반대로, 로핑크는 목회서신이 보호해야 한다고 말하는 "맡겨진 것"은 그의 가르침과 명령을 포함하여 사도의 유산 전체가 아니라, 그의 복음과 동일시되어야 한다고 주장한다(1981:101-2). 베게나스트가 "맡겨진 것"으로 이해하는 것을 목회자는 "가르침"(헬라어: 디다스칼리아(didaskalia))으로 이해한다.[7] 이 "가르침"에 대한 강조는 저자의 창작이 아니다. 사실, 논란이 되지 않는 편지들에서 바울은 교회들에 전해주는 "가르침"(롬 6:17; 16:17을 보라)과 "전승"(고전 15:3)에 대해 많이 염려한다.

마지막으로, 로핑크의 주장에 의하면, 고린도전서 4:16-17에 나오는 사도의 파루시아 언급이 저자에게 자극을 주어서, 사도의 살아있는 현존을 대체하는 디모데와 디도의 역할을 강조하게 한다. 바울이 오기를 기다리면서 디모데가 수행하는 역할과 관련하여, 디모데전서 3:14-15과 4:13은 이 점을 아주 명백하게 보여준다. 그럼으로써 목회자는 이 편지들의 수신자들을 바울의 구체화로, 또 그들이 계속해서 교회에게 전달해줄 의무가 있는 가르침의 바울적인 성격을 보장하는 보증인으로 제시하고 있다.

데이비드 미드(David G. Meade)의 목회서신 연구는 위서의 출현과 전승의 전달을 접목하는 더 광범위한 과제의 일부이다. 그의 책 『위명성과 정경』(*Pseudonymity and Canon*, 1986)에서 그는 히브리어 성경, 초기 유대교 문헌, 신약성경에서 발견되는 위서는 문학적인 기원에 대한 주장이 아니라 권위적인 전승에 대한 주장을 내포하고 있다는 논지를 전개

---

1 (ANF 3.650)을 보라.
7 Lohfink의 관찰에 의하면, 목회자는 딤후 1:14("내가 맡긴 것")과 3:10("내 가르침")에서처럼 "맡겨진 것"과 "가르침"을 서로 잘 구별할 수 있다.

한다. 그의 주장에 의하면, 목회서신은 바울이 맡겨놓은 것을 보호하고 전달해야 할 강한 필요성을 이야기한다. 그것들은 오직 바울에게만 초점을 맞춘다. 그는 유일한 사도로 나타나고, (바울이 다른 사람들에게서 받은 전승을 알고 있는, 논란이 되지 않는 편지들과 대조적으로) 수신자들에게 자기에게서 받은 것을 고수하라고 촉구한다(딤후 1:13을 보라).

결과적으로, 수신자들의 그리스도인 정체성은, 미드의 말로 하자면, "전적으로 바울이라는 인물에 의해서 만들어지고 유지되었다" (1986:123). "그들에게 바울은 단지 적합한 전승의 담지자만이 아니라 또한 전승 자체의 **일부**이기도 했다." 미드의 생각에는, 목회서신의 문제는 바울의 권위를 보여주는 것이 아니다. 왜냐하면 수신자들과 거짓 교사들 둘 다 그것을 받아들였기 때문이다. 오히려, 그 이슈는 권위 있는 바울 해석자들의 정체성이다. 디모데와 디도, 그리고 과거, 현재, 미래에 그들과 연결되어 있는 지도자들은 바울 자신에게까지 거슬러 올라가는, 일련의 권위 있고 합법적이고 끊어지지 않은 해석자들이다. 미드의 결론에 의하면, 이 편지들의 위명성은 바울의 현존을 현재와 그 너머로 확장한다. 이 편지들은 "바울의 현존과 말"을 중재하고, 바울 전통을 인격화한다(1986:137).

나는 미카엘 볼터(Michael Wolter, 1988)가 목회서신이 바울을 구원받은 사람의 원형으로 제시하는 것이 얼마나 중요한지를 다른 어느 현대 학자보다도 더 제대로 인지한다고 생각한다. 볼터의 주장에 의하면, 이 편지들을 수신한 바울 공동체들은 위기에 직면해 있었다. 바울을 중요하게 여기지 않는 교사들이 그 공동체들의 바울 정체성을 무너뜨리고 있었다. 이 교사들은 다른 신학 전통을 지지했다 (1988:16). 그래서 이 공동체들의 바울 정체성을 확보하고 그들의 구원을 확인하기 위하여 이 편지들이 기록되었다. 목회자는 바울을 그리스도 안에 있는 구원의 유일한 합법적인 해석자와 보증인으로 제시한다. 사도로 부름 받은 바울의 "소명"은 틀림없이 그의 뒤에 오는 모든 사람들에게 구원적인 함축을 갖고 있다. 오직 바울의 가르침과 관습을 따르고 보존하는 한에서만, 공동체들은 구원 얻을 것을 확신할 수 있다(1988:91, 95, 130).

그러므로 이 편지들은 그의 현존과 그가 그들의 종말론적 구원의 보증인이라는 주장을 구체화한다. 이것들은 충실한 후계자들에게 분명하게 요구한다. 그들의 임무는 이 유산을 보존하고 지켜서, 그들의 뒤를 이을 충실한 지도자들에게 가르쳐주는 것이다. 목회자는 이 유산의 내용을 "맡겨진 것"이라고 부른다.[8] 로핑크에는 반대하고 베게나스트에는 동의하여, 볼터는 이 "맡겨진 것"을 의미상 바울의 복음보다 더 광범위한 것으로 이해한다. 그것은 이 편지들에 내포되어 있다.

5. 신약성경 밖의 바울 전통

나그 함마디 문서의 발견과 출판 덕분에, 바울 전통이 2세기에 특히 정통 교회의 밖에서 담당했던 역할이 점점 더 많이 조사되고 있는 중이다. 이 문서의 많은 부분은 영지주의자 교사인 발렌티누스(Valentinus)

---

[8] Wolter(1988:125)는 "맡겨진 것"(헬라어: 파라테케[*paratheke*])과 "전통"(헬라어: 파라도시스[*paradosis*])을 다음과 같이 구별한다. 학파나 운동의 창시자(에피쿠로스나 바울)는 그의 추종자들에게 "맡겨진 것"을 남길 수 있다. 이 추종자들은 또 다시 "그것을 전달해줄"(헬라어: 파라디도마이[*paradidomai*]) 수 있다(Diogenes Laertius, *Lives of the Philosophers* 10.17을 보라).

와 그의 추종자들에서 기원한다. 최근까지 학자들은 그들의 반대자들에게, 주로 이레니우스(Irenaeus), 터툴리안(Tertullian), 에피파니우스(Epiphanius)에게 보전되어 있는 인용을 통해서만 영지주의 저작에 접근할 수 있었다. 발렌티누스에게는 바울이 "그"(the) 사도였다(Pagels 1975:2; Berer 1971:224-25; Barrett 1973-74:136-37; de Boer 1980:363).

발렌티누스는 바울의 편지들을 알고 사용할 뿐만 아니라, 또한 사도의 비밀스런 가르침을 주장하기도 한다. 이 가르침은 그의 제자 튜다스(Theudas)에게로 전해졌고, 다시 발렌티누스에게로 전해졌다고 한다(Clem. *Strom.* 7.17; ANF 2.555). 일레인 페이젤스(Elaine Pagels)는 그녀의 책 『영지주의자 바울』(*The Gnostic Paul*, 1975)에서 바울의 편지들이 영지주의자들에게 얼마나 영향력이 있었는지를 보여준다. 발렌티누스가 목회서신을 극도로 드물게 사용하는 것은 바울서신의 다른 편지들을(히브리서를 포함하여) 빈번하게 인용하는 것과 대조를 이룬다.[9] 실제로, 권위 있는 것으로 간주되었던 것으로 보이는 편지들의 목록은 P46에 남아있는 모음과 일치한다. 목회서신, 빌레몬서, 데살로니가후서는 인용되지 않는다(1975:5). 페이젤스의 주장에 의하면, 세 권의 목회서신은 이단적인 경향에 대항하고 바울을 교회 공동체들의 조직자로 제시하기 위하여 약 100-110년에 기록되었다(1975:163).

발터 바우어(Walter Bauer)는 그의 『초기 기독교의 정통과 이단』(*Orthodoxy and Heresy in Earliest Christianity*, 1971)에서 초기 기독교가 복

---

9 Pagels(1975:166 nn. 41, 42)는 단지 하나의 경우만 알고 있다. Clement(*Stromateis* 4.9[ANF 2.422])는 딤후 2:13을 암시하고 있는 것으로 보이는 Heracleon을 인용한다. 덧붙여 말하자면, Pagels는 Clement, *Stromateis* 2.13과 딤전 2:13을 참고자료로 제시하는 실수를 한다.

수 형태로 존재했음을 관찰한다.[10] 나중에 "정통" 교부들이 "이단"으로 정죄한 것은 원래는 전혀 그런 것이 아니었고, 특정 지역에서 (특히 동쪽에서) 맨 처음부터 새로운 신앙의 유일한 형태로 존재하던 것이었다 (1971:xxii). 그는 2세기 말까지는 (기원후 138년에 로마에 온) 침입자 마르시온에게 거둔 승리에 고무된 로마교회가 "대"교회 형성의 도구였다는 대담한 논지를 전개한다.

그 결과, 기독교는 사도들에 의해서 세워진, 직접 그리스도로부터 받은 기독교 믿음이라는 원래 맡겨진 것을 보존하고 있는 하나의 정통 교회와 다양한 이단 그룹들로 깔끔하게 구분되었다. 그의 주장에 의하면, 목회서신은 거짓 교사들이 바울과 그의 편지들을 사용하는 것을 저지하고 그를 "정통" 교사들에게 복권시켜주기 위해 기록되었다. 그들 중에서 이레니우스 이전에 그를 인용할 준비가 되어있던 사람은 거의 없었다. 이 편지들은 마르시온이 바울을 사용하는 상황에서 교회의 정체성과 바울의 복권을 위해 싸우는 거대한 투쟁에 대한 증언이다 (1971:226).

2세기에 로마교회가 정통의 발현에 미친 영향에 대한 바우어의 재구성이나 그의 목회서신 연대 설정을 따르는 학자는 거의 없다. 하지만 오늘날 많은 학자들은 정통 교회 밖에 바울 전통의 보관자들이 있었다고 주장한다. 그들은 이 바울 수호자들이 침묵을 강요당했다고 생각한다. 바울의 권위가 그들을 대항하는 데에 집중되었다.

목회서신은 그들의 입장에 대항하는 독특하게 효과적인 반대를 구

---

10 신약성경과 초기 교회 연구에서 이 책이 갖고 있는 함축에 대한 논의가 최근에 몇 차례 있었다. 예를 들어, Harrington 1980:289-98(1982:162-73); N. Young 1994:178-97을 보라.

현한다. 초기 기독교의 변방 궤도를 밝혀내기 위하여, 잔존하는 사도 이후 시대의 정경 밖의 저작들-이 중에서 많은 저작들이 바울의 계통이라고 주장한다-이 점점 더 많이 조사되었다. 이 조사는 현대 교회에서 여성의 역할에 대한 논쟁과 동시에 이루어졌다. 독신 여성이 남성과 동등한 권위와 지위를 갖고 사역하던 초기 기독교공동체들-주로 마르시온파, 영지주의파, 몬타누스파-이 있었다는 것이 알려지자, 드러내놓고 여성에게 그런 역할을 거부하는 목회서신이 최근의 많은 학자들의 연구의 전면에 놓이게 되었다.[11] 결과적으로, 여성에게 교회 지도자의 위치를 허용하는 바울 전통의 가능한 현실화로서 2세기 말의 바울행전(*Acts of Paul*)이 상당한 주목을 받았다.

1) 처녀와 과부

1970년대 이후로 이 주제를 다루는 방대한 저술이 축적되고 있다. 로즈마리 래드포드 류터(Rosemary Radford Ruether)의 논문 "교회의 교부들에게 나타나는 결혼 혐오주의와 동정 여성주의"(Misogynism and Virginal Feminism in the Fathers of the Church, 1974:150-83)가 아주 좋은 출발점이다. 그녀는 후대의 교부들에게서, 주로 제롬과 어거스틴에게서, 어떻게 동정과 성적 절제가 정통 교회에서 높이 존경받게 되었는지를 보여준다. 교부들은 동정과 절제의 상태를 유지하는 것이 부활 생명을 기대하는 것이라고 주장했다. 이 상태는 자기 통제를 요구하는데, 여자는 그럴 능력이 턱없이 부족하다고 간주되었다.

---

[11] 지도자의 위치에 있는 초기 여성 그리스도인들의 역할에 대한 Elisabeth Schüssler Fiorenza의 연구를 보라(1979:29-70).

이런 생활 방식이 남편에 대한 복종과 출생의 고통과 위험이 수반되는 결혼 생활보다 더 나을 수도 있다. 그러나 그런 여자는 남자의 허락 없이 그렇게 하려고 해서는 안 된다. 예를 들어, 터툴리안은 이 점을 그의 『세례론』(*On Baptism*)과 다른 곳에서 끝까지 주장한다.[12] 하지만 2세기와 3세기 교회의 일부는 사회 관습과 상당한 갈등을 빚으면서 독립적으로 그렇게 하는 독신 여성에 대해 증언한다.

스데반 데이비스(Stevan L. Davies)의 단행본 『과부의 저항』(*The Revolt of the Widows*, 1980)은 외경의 행전들(*Acts*)에 나타나는 "과부"의 역할을 탐구한다. 이 "과부"는 미혼 처녀도 포함하는 전문 용어이다(1980:72; 참조. Ign. *Smyrn*. 13:1). 이 행전들의 연대는 기원후 160-225년경이다. 이것들 중에서 가장 잘 알려진 것은 바울행전(*Acts of Paul*)으로, 엘리자베트 쉬슬러 피오렌자(Elisabeth Schüssler Fiorenza)의 주장에 의하면(1979:51; 1983:53, 173), 이것은 초기 교회의 일부에서 폭넓게 정경으로 간주되었던 작품이다.

데이비스는 모든 행전들이 성적 절제를 그리스도인 생활의 구성 요소로 간주한다는 것을 밝혀낸다. 목회서신의 교회들을 포함하여 많은 초기 교회공동체들에서 "과부"는 독특한 그룹을 이룬다. 그들은 디모데전서 5:3-16에 나오는 상당한 규제 명령의 대상이다.

데이비스의 추정에 의하면, 행전들은 이 독신적이고 준성직자적인 생활 방식을 사도적인 신앙의 참된 표현으로 보전하기 위하여 이 공동체들의 학식 있는 멤버들에 의해서 기록되었다(1980:30, 108).[13] 이 작품들

---

[12] *On Baptism* 17 이외에도, *Prescription against Heretics* 41(ANF 3.263)과 *On the Veiling of Virgins* 9(ANF 4.33)도 보라.

[13] 우리가 위에서 살펴보았듯이, Tertullian에 의하면, 최근에 파면당한 아시아 (남성) 장로가 바울행전을 저술했다. 잔존하는 바울행전은 거의 확실하게 여자에 의해서

에 나타나는 사도들은 전통적인 사회 질서와 사회 통제 수단의 반대자들로 묘사되고, "과부"는 가부장적 권력과 전통적인 가정 구조에서 도망치는 것으로 묘사된다(1980:32).[14] 행전들에서 묘사되는 전통은 전복적인 것으로 인식되었다는 것이 많은 초기 교부들의 반응에서 드러난다.

주트 바슬러(Jouette M. Bassler)의 논문 "과부 이야기: 디모데전서 5:3-16에 대한 새로운 고찰"(The Widow's Tale: A Fresh Look at 1 Tim. 5:3-16, 1983:23-41)도 이와 비슷한 결론을 내린다. 기독교는 양성평등적인 운동으로 시작되었다(Thurston 1989:39도 보라).

사도 바울은 남자와 여자의 평등성을 지지했고(갈 3:28을 보라), 결혼한 상태보다는 독신을 더 선호했다(고전 7:8-9, 25-28을 보라) (1983:24; 참조. Barclay 1997:72-78). 과부가 따른 바울의 금욕 전통은 자유롭게 생활 방식을 선택하는 데까지 이르렀다. 비록 바울도 교회 질서를 바라는 마음을 보여주는 명령을 내리기는 하지만, 바울 이후의 가정 규례(*Haustafeln*)는 -바울의 양성 평등 개념을 어느 정도 유지하면서도- 가정의 종속적인 위치에 있는 멤버들에게 사회 관습을 고려하라고 요구하며 그들의 순종과 복종을 더 강조한다(1983:30).

목회서신은 바울이 세운 교회에서 작용하던 형제우애의 정신을 어느 정도 보전하고 있던 교회에 사회의 기대를 재주입하려고 시도한 바울 이후의 초기 시도의 일부이다. 그 결과, 디모데전서 5:3-16에서 "과부들"은 교회의 제도화된 지도 아래에 놓이게 된다. 목회자는 그들의 생활 방식을 인정하는 반면에, 더 젊은 "과부들"에게는 결혼하라고 권

저술되었다고 주장하는 Stevan Davies는 이 작품에 대한 Tertullian의 보고가 "좋은 정보에 근거한 것이 아니라"고 (설득력이 없게) 주장한다(1980:108).

14 또 Burrus 1987도 보라. 로마법은 처녀의 결혼과 과부의 재혼을 요구했다. Suetonius, *Augustus* 34와 Pomeroy 1995:161를 보라.

고한다. 전통적인 가정 덕목을 보여주는 증거가 중요한 등록 기준이 된다. 이 여자들이 교회에서 설교하고 가르치는 것은 완전히 금지된다. 바슬러는 목회서신에서는 "잠재적으로 미풍양속을 해칠 위험이 있는 세력[즉 '과부들']이 길들여졌다"는 관찰로, 그녀의 연구를 적절하게 마무리한다(1983:38; Thurston 1989:107).

조 앤 맥나마라(Jo Ann McNamara)는 『새로운 노래: 첫 3세기의 독신 여성』(*A New Song: Celibate Women in the First Three Centuries*, 1983)에서 가족 의무에 대한 예수의 전폭적인 가르침과 전통적인 가부장적 가족 질서를 강화하고 딸, 아내, 어머니로서의 여자의 역할을 강요하는 후대의 기독교 저술가들의 시도를 대조한다. 그녀의 말에 의하면, 복음서의 기록은 제도적인, 가부장적인 가족에 대한 예수의 공격을 보존하고 있고, 그녀가 "가족의 권력을 거역하라는 분명한 선동"이라고 부르는 것을 포함하고 있다(1983:51). 이외에도, 예수는 무력, 겸손, 가난이라는 전통적인 여자의 경험을 긍정적인 덕목으로 재설정하는 일련의 가치를 설명한다(1983:27).

이와 비슷하게 존 바클레이(John Barclay, 1997:66-80, 특히 72-78)도 초기 기독교 운동에는 가정 생활을 근본적으로 포기하는 금욕적인 이상과 전통적인 가정 구조에 대한 헌신이 상반되는 궤도로서 함께 존재했다는 것을 관찰한다. 고린도전서 7장은 이 두 전통이 고린도에 존재했다는 것을 증언한다. 바울이 금욕적인 선택에 어느 정도로 동의했는지를 살펴보면, 놀라게 된다(1997:75). 하지만 목회서신은 교회 멤버들의 생활 방식을 가정의 구조와 관습을 통하여 제한하려고 한다. 그렇지만 디모데전서 4:3은 결혼과 가족 생활을 거부하는 것이 일부 초기 기독교 그룹에서는 계속해서 영향력 있는 선택으로 간주되었다는 것을 보여준다.

마가레트 맥도날드(Margaret MacDonald, 1996)는 교회에서 여자의 역할과 관련이 있는 성경 본문과 초기 기독교 문서뿐만 아니라 2세기의 비기독교 견해도 검토했다. 플리니, 갈렌, 셀수스 같은 저술가들에 대한 연구에서, 그녀는 지도자의 역할을 담당하는 여자들을 보여주는 증거가 있다고 결론짓는다. 또 그녀는 고린도 교회의 독신 여자의 역할에 대한 바울의 반응이 실제로 완화되기는 하지만 그는 전통적인 가정 구조에 대해 존경을 표한다는 다른 학자들의 결론을 확인하기도 한다. 하지만 목회자와는 달리, 바울은 결혼하지 않은 채로 남아있을 수 있는 선택의 자유를 자녀를 다 키우고 어느 정도의 경제적인 지위를 갖고 있는 늙은 과부에게로 제한하지 않는다(1996:152; 참조. 딤전 5:9, 10).

하지만 목회서신은 독신 여성이 공동체에게 수치를 초래할 수 있는 잠재적 가능성에 대한 비판이 신자들의 사적 세계는 "공적 기준과 확연하게 일치해야 한다"는 규정으로 귀결되는 시대를 증언한다(1996:178). 바울행전은 독신 생활 및 결혼 포기와 바울의 사역을 결합시킨 전승의 지속적인 매력을 보여주는 증언이다(1996:170).

데니스 맥도날드(Dennis R. MacDonald)는 그의 단행본 『전설과 사도: 이야기와 정경에서 바울을 놓고 벌이는 전투』(*The Legend and the Apostle: The Battle for Paul in Story and Canon*, 1983)에서 바울행전과 목회서신 사이에 실질적인 관계가 있다고 제안한다.[15] 그는 목회자가 바울에 대한 구전

---

15 MacDonald의 제안에 의하면, 목회서신은 일부 인물들을 직접 바울행전에 의존한다. 예를 들어, 오네시보로, 허모게네, 구리 세공업자 알렉산더는 오직 목회서신과 바울행전에서만 언급된다. MacDonald의 1983:59-62에 나오는 증거를 보라. (목회서신이) 바울행전에 의존하는 것으로 보게 되면, 논쟁의 방향은 (바울행전이) 목회서신에 의존하는 것을 선호한다는 것을 보는 데에 실패한다.

전승과 전설을 퍼뜨리는 (바울행전에서 발견되는 여자들과 같은) 여자들이 제시하는 바울의 이미지에 대항하기 위하여 이 편지들을 썼다고 주장한다. 이 이야기꾼들은 바울을 여자들도 설교하고 가르치도록 임명한 사람으로 또 여자들이 충족시킬 것으로 기대되는 사회적 기대에 직면하여 자유롭고 금욕적인 생활 방식을 지지한 사람으로 기억했다. 목회자는 단지 이 전통을 알고 있었을 뿐만 아니라, 이것에 대항하기 위하여 특별히 이 편지들을 썼다.

맥도날드는 이 여자들과 그들의 이야기를 침묵시키려고 했다(1983:14). 그들이 바울을 사회적인 일탈(과 반로마적인 태도)까지 지지하는 사람으로 묘사하는 것과 대조적으로, 목회자는 바울을 사회적 보수주의자, 정치적 침묵자, 복종적인 순교자로 제시했다.

여자들은 금욕적인, 독신적인 생활방식을 따르며 교회에서 가르치려고, 심지어 예언하려고 했던 반면에, 목회서신은 그들을 속이는 영과 악령의 가르침을 따르는 거짓말쟁이라고 비방한다(딤전 4:1). 금욕주의에 반대하여, 목회자는 피조세계가 본질적으로 선하다고 주장한다(딤전 4:4). 결혼은 금지되면 안 된다. 실제로, 출산은 여자들의 구원의 방편이다(딤전 2:15). 여자들은 교회에서 가르칠 수 없다(딤전 2:12). 장로/감독은 결혼해야 하고, 남자 가장도 결혼해야 한다(딤전 3:2, 4; 딛 1:6). 이외에도, 다른 학자들도 관찰하듯이, 목회자는 교회에서 "과부"의 역할을 제한한다. 명부에 등재되는 것을 감축하고(딤전 5:9), 그들이 가르치는 것을 젊은 여자들에게로 한정시킨다. 교육 내용은 가정 덕목을 주입하는 것과 자신의 남편에게 복종하라고 요구하는 것으로 축소된다(1983:73-77; 참조. 딛 1:3b-5).

맥도날드의 논지가 모두를 설득시킨 것은 아니다. 하지만 많은 학자들은 바울행전과 목회서신이 초기 기독교공동체들이 바울을 기억했던 서로 상반되는 방식을 제시한다는 데에 동의할 것이다. 맥도날드의 관찰에 의하면, 우리는 더 이상 (신약성경의 다른 제2바울서신 및 사도행전과 더불어) 이 편지들이 바울 이후 시대에 바울의 유산을 보존한 유일한 담지자라고 생각할 수 없다. 실제로, 맥도날드는 사도행전에 바울을 묵시주의자로 보는 기억이 보전되어 있다고 주장한다(1983:98). 2세기의 여자 예언자들과 이야기를 해주는 여자들은 바울을 "사회적으로 열광적인, 주변적인 타입"으로 기억했다(1983:89). 목회서신에서 보전되어 있는 사회적으로 보수적인 이미지와는 대조적으로, 여자들이 기억하는 바울은 성적 평등을 설교하고 그 모형을 만들고, 노예 해방을 고무하고, 그의 선교 사역에 여자들을 동역자로 포함시켰다. 하지만 목회서신은 종파주의의 위험을 감지하고, 교회와 더 큰 사회 사이에 더 큰 연속성을 허용하는 사회적이고 신학적인 입장을 요구한다.

2) 반응

바울행전이 사도 자신의 생애까지 소급되는 참된 바울 전통의 보고라는 이론에 반대하는 학자들의 이의가 제기되었다. 마가레트 하우(Margaret Howe, 1980)는 바울행전에서 바울은 테클라(Thecla)에게 중요한 가르침 사역을 부여하기는커녕, 그녀에게 주로 여자들과 관련이 있고 테클라의 상당한 자기희생에 입각한 제한된 역할만을 허용한다고 주장한다(1980:42). 그녀는 남자처럼 옷을 입고, 머리를 자르고, 결혼을 포기하는 것을 어색해한다.

다른 한편으로, 역사적인 바울은 여자들이 그의 사역에서 동등한 동역자라고 생각했다. 비록 예언의 은사를 사용할 때에는 특정한 복장을 갖추라고 지시했더라도 말이다. 그는 독신 생활을 요구하지 않았다. 비록 개인적으로는 그 상태를 더 선호했더라도 말이다. 바울의 생각에는, 독신 생활이 남자의 지배와/나 억압적인 사회 관습에서 자유롭게 해주기 때문이 아니라, 이 시대의 종말론적 긴박성 때문에 독신 생활이라는 생활 방식은 합리적인 선택이었다.[16] 그러므로 바울행전은 여성의 사역과 지도력의 측면에서 좀 더 제한적이고, 우리가 바울의 편지들에서 마주치는 여성 지도자에 대한 "희미한 반영"을 보존하고, 여성에 대한 역사적인 바울의 긍정으로부터의 후퇴를 보여준다(1980:46-47).

바울행전에 대한 린 바우튼(Lynne C. Boughton)의 도발적인 논문(1991:362-83; 참조. Dunn 1993:245-61)은 특히 엘리자베트 쉬슬러 피오렌자, 데니스 맥도날드 그리고 다른 학자들에게 비판적이다. 그녀의 주장에 의하면, 이 학자들은 현대 페미니스트의 관심사를 우리가 검토하고 있는 본문 속으로 읽어 넣고, 정경 외의 바울 전통이 바울 이후의 편지들에서보다 바울행전에서 더 충실하게 보존되어 있다고 본다.

---

16 Dunn(1993:258)도 정절 생활은 남성 지배에서 도망치는 수단으로 선택된 것이 아니라, 이것이 실현된 종말론에 대한 확신과 일치하기 때문에 선택된 것이라고 주장한다. 하지만 이 두 대안은 Dunn이 제안하는 것처럼 극단적인 것이 아니다. Brown (1988) (특히 제1장과 제2장)에서처럼, 실현된 종말론과 대항문화의 의제는 긴밀하게 연결되어 있다. Brown의 주장에 의하면, 초기 그리스도인들은 "성적 포기가 그리스도인으로 하여금 몸을 변화시키게 하고 또 몸을 변화시키면서, 고대 도시의 적당한 훈련과 결별하게 할 것이라고 믿었다"(1988:31). 그럼에도 불구하고, 그가 지적하듯이(1988:156), Tertullian과 Clement of Alexandria 같은 2세기 말의 정통 저술가들은 결혼 제도의 포기를 금욕의 차원에서 고찰하지 않았다. 그들은 바울행전의 테클라의 독립적인 생활방식을 용인할 수 없는 것으로 보았을 것이다.

바우튼은 바울행전이 초기 교회에서 대중 제의의 관심을 끈 테클라의 거룩함을 강조하기 위하여 기록된 성인전이라고 주장한다. 바우튼은 2세기의 문화적 관심사가 바울행전에 스며들어 있다고 주장한다.

이 행전의 저자는 신약성경 시대의 일부 역사적인 인물, 사건, 논쟁에 대해 우연히 알고 있는 것을 제외하면, 1세기의 기독교 배경에서 중요한 것은 아무것도 모른다(1991:363). 이 저자는 마치 정경상의 맡겨진 것을 보충하거나 재정의하려는 것처럼 바울 전통을 전달하는 데에 전념하지 않는다. 쉬슬러 피오렌자와는 반대로, 바우튼은 바울행전이 초기 교회의 일부에서도 정경으로 간주되지 않았다고 주장한다. 왜냐하면 바울행전이 사도적인 가르침을 확립하는 데에 규범적인 것으로 간주되었다는 증거가 아무데도 없기 때문이다(1991:367).

이 책은 교회에서 여성의 지도력을 인정하는 사도의 억눌린 지지를 보존하고 있다는 주장에 대하여, 바우튼은 하우와 더불어 테클라의 역할은 제한되어 있다고 대답한다. 그녀는 순교를 기대하면서 경기장에서 세례를 받는다. 그녀의 소위 가르침 사역은 단지 대부분 여자들인 잠재적인 개종자들을 가르치는 순회자의 사역에 지나지 않는다.

그녀는 교회에서 어떤 지도나 영적 지시도 내리지 않는다. 그녀는 세례 사역을 행하지 않는다. 테클라의 사역이 교부들-분명히 독신 생활을 승인하고 교회에서 (비록 제한적이더라도) "과부"의 역할을 인정했다-에 의해서 또는 목회서신에서 승인된 것이 아닌 어떤 것이라고 제안할 만한 것이 바울행전에는 아무것도 없다(1991:376-77; 참조. 딛 2:3b-5).

그럼에도 불구하고, 바우튼과 하우는 둘 다 터툴리안이 어떤 여자들이 가르치고 세례 주는 것을 정당화하기 위하여 바울행전에 호소하는 것에 화를 냈다는 것을 간과한다.

6. 결론

바울서신과 목회서신 사이의 문학적이고 신학적인 관계에 대한 연구를 진행하는 학자들은 그것들의 위명성을 보여주려고 한 학자들의 연구를 발판으로 삼았다. 트루머와 로핑크 같은 학자들은 목회서신이 바울서신에서 발견되는, 또 일부는 사도행전에서 발견되는 바울 전통을 현실화하고 있다고 주장할 수 있다는 것을 보여주었다. 그들은 목회자를 바울로부터 멀리 떼어놓으려는 것이 아니라, 그의 교회가 역사적인 바울의 생애를 넘어서, 바울이 언급했던 것과는 다른 문제와 우연한 사태에 직면하는 시대에 이르는 전통의 발전을 추적하려고 한다.

이 학자들은 바울의 유산이 새롭게 말하도록 만들어졌다는 것을 보여주려고 한다. 즉 사도의 권위와 사상이 "새로운 날"을 위해 상기된다. 그 후의 정경의 역사는, 내 생각에는 바울의 유산을 다르게 해석하고 보존하는 교사들이 그것을 사용하는 상황에 처하게 되자, 바울과 그의 문학적 유산이 실제로 재생되었다는 것을 보여준다. 목회자는 그의 수신자들의 바울 정체성을 확보하기 위해 이 교사들과 논쟁을 벌인다.

2세기 말의 바울행전과 목회서신 사이의 관계와 관련하여, 바울행전은 목회자가 기원후 100년경에 논박하는 종류의 전통을 보존하느냐는 질문이 최근에 많은 논쟁을 야기했다. 우리가 살펴보았듯이, 이 논쟁은 초기 기독교 시대의 위계질서적인, 가족적인, 사회적인 가치와 독신 생활 방식을 선택한 학식 있는 여성 그리스도인들이 이 가치를 전복시키는 것에 대한 보편적인 연구의 일부이다.

바울 전통이 영지주의 문헌에서 뿐만 아니라 바울행전에서도 실제로 발견되느냐는 질문은 목회서신의 사회적 배경의 윤곽과 관련되는 중요한 이슈를 제기했다. 이제 우리는 그 배경을 살펴본다.

What Are They Saying About the Pastoral Epistles?

제3장

목회서신의 사회적 배경

1. 서론

이 책의 첫 두 장은 주로 사상과 신학 개념의 표현으로서의 목회서신에 초점을 맞추었다. 이 문서들의 배후에 있는 사회적 실제와는 단지 짧게 마주쳤을 뿐이다. 이 문서들의 저자 문제가 다른 바울 편지들의 신학과 관련하여 잘 조정될 수 있는 한, 목회서신을 바울 전통과 관련하여 분석하는 것이 남아있다.

레안더 케크(Leander E. Keck)의 논문 "초기 그리스도인들의 윤리에 대하여"(On the Ethos of the Early Christians, 1974:435-52)는 초기 신자들의 신앙은 사회적 요소들의 영향을 받고, 신학적 담화는 사회적 경험을 반영한다는 것을 상기시켜준다. 케크에게, "윤리"라는 말은 초기 그리스도인들의 생활 방식을 의미한다. 그들의 윤리에 대한 관심은 우리에게 공동체와 사회 제도에 익숙해질 것을 요구한다. "개인들을 이것들과 관련하여 바라보면서" 말이다(1974:440).

바울의 편지들에서 마주치는 상당히 상황화되어 있는 신학적이고 윤리적인 담화는 수신 공동체의 윤리-이 윤리 자체도 사회적으로 결정된 요소들에 의해서 형성되었다-에 의해서 형성되는 변증적인 토론의 결과이다. 시간이 흐르면서, 바울 이후 공동체의 끊임없이 변화하는 윤리가 바울 유산의 새로운 현실화를 초래했다. 신학은 더 이상 윤리학 및 사회학과 상관없이 저술되면 안 된다. 왜냐하면 케크의 주장에 의하면, "신약성경의 신학은 다양한 위기를 겪고 있는 윤리의 모판에서 형성되었기" 때문이다(1974:451).

이 장은 더 광범위한 공동체에 거주하고 사회 제도에 참여하는 목회서신 수신자들의 윤리를 살펴본 학자들의 연구를 검토한다.

2. 사회 제도

우리는 바울의 사명의 사회적 배경에 대해 무엇을 알 수 있는가?

가장 알맞은 출발점은 에드윈 저지(Edwin A. Judge)의 『1세기 기독교 그룹의 사회적 패턴』(*The Social Pattern of the Christian Groups in the First Century*, 1960a)이다. 한 아주 유익한 분석에서, 로마 역사학자 저지는 신약성경의 교회가 그것의 정치적 자율이 이제-저지의 용어를 사용하자면-로마의 "감독"에 의해서 "손상된" 도시에 정착했다고 말한다. 신약성경 시대에는 로마 통치의 질을 더 쉽게 보장하기 위하여 권력이 점점 더 소수의 유력자들의 손에 집중되었다. 이전의 더 민주적이고 더 활용 가능한 도시 정치 제도는 점점 더 보다 광범위한 인구의 사회적 응집을 촉진, 강화할 수 없게 되었다. 저지의 주장에 의하면, 가족(household)의 일원인 것과 가족의 더 친밀한 사회적 혜택과 질서 있는 조화에 참여하는 것이 그에 대한 보상으로 작용했다(1960a:29).

가족은 그리스-로마 사회에서 기초적인 사회 단위였다. 가족은 호주와 종과 소작인으로 이루어지는 확장된 가족으로 구성되었다. 호주의 이전의 노예(해방 노예, 자유민)는 피후견인이 되고, 호주는 그들의 후견인이 되었다. 가족의 질서는 위계적이었다. 가족의 질서는 오래된 사회 관습과 법에 의해서 지지되고 보존되었다. 호주는 그의 부양 식구들을 보호하고 부양할 의무가 있었고, 부양 식구들은 가족의 구조와 조직 안에서 그들의 의무를 이행해야 할 의무가 있었다. 이 가족 모델은 심지어 후견인인 황제와 피후견인인 그의 제국의 신하들 사이의 관계의 기초로 작용하기도 했다. 신약성경이 풍성히 증언하듯이, 가족은 새로운 신앙이 전파되고 신자들이 모이는 자연적인 사회 환경이었다.

저지에 의하면, 신약성경 저자들은 신약의 개념을 표현하기 위하여 또 신자들 상호 간의 관계와 신자들과 하나님의 관계에 대한 생각을 표현하기 위하여 가족 용어를 차용한다. 신자들은 하나님의 종이다. 그들의 지도자들은 그의 청지기이다. 그들의 의무는 그의 가족의 유익을 위하여 그의 재산을 관리하는 것이다. 그럼에도 불구하고 저지는 공화정의 정치 제도와 가족이 둘 다 "가장적인 질서"에 일조했다고 본다(1960a:38). 이제 도시에서는 거의 완전히 사라져버린 민주적인 원동력은 멤버들이 동등하게 참여하는 자발적인 단체들(voluntary associations)에서 더 잘 실현될 수 있을 것 같았다.

이 단체들은 취지상 종교적이었다. 예를 들어, 이것들은 자선을 목적으로 조직되거나 안전한 장례를 제공하기 위하여 조직되었다. 임원들은 선출되었다. 이 단체들은 부도덕이나 공공질서 파괴로 정치 당국의 주의를 끌지 않는 한, 정치 당국의 감독에서 벗어나 있었다. 저지의 제안에 의하면, 초기 기독교공공동체는 이런 종교적인 단체들과 상당히 많은 것을 공유하고 있어서, 외부인들에 의해서 이런 단체들로 인식되었다.[1]

저지는 신약성경에 나오는 신자들의 사회 계층을 분석하면서, 원래 팔레스타인 메시아 신앙의 전파 증거를 발견한다. 그는 이것을 "국제적인 유대인 사회의 아주 발전된 부분"이라고 묘사한다(1960a:57). 이 유대인들은 단지 이 신앙을 헬레니즘 도시 사람들을 위하여 효과적으로 번역했을 뿐만 아니라, 또한 지중해 동쪽 지역 전체에서 부요한 후원자들의 환대와 지원을 누리기도 했다. 바울의 이력은 이 현상을 아주 잘 증언해준다. 부요한 남자 및 여자 후원자들이 그의 여행과 그의 동역자들의 여행에 큰 도움을 주곤 했다. 저지의 주장에 의하면, 이 후원자들이 그들의 부양가족들에게 이 기독교 신앙을 "후원했다"고 말할 수도 있다 (1960a:60, 76).[2]

고린도에 있는 교회를 전형적인 예로 삼아서, 저지는 신약성경의 증거를 근거로, 그리스도인들의 계층이 "큰 도시 사람들 중에서 사회적으로 과시적인 일부에 의해서 지배되었다"고 주장한다(1960a:60). 교회의 멤버들은 도시 사람들의 광범위한 횡단면의 대표자들이었다. 하지만 소유자 및 후원자 계층은 공동체의 질서 유지에 관심을 갖고 있었다. 고린

---

[1] 더 많은 논의를 위해서는 Wilken 1971:268-91; Barton and Horsley 1981:7-26; Kloppenborg 1996:16-30을 보라. 신약성경의 교회와 단체의 관계를 위해서는 Barton and Horsley 1981:27-41; (단절을 강조하는) Meeks 1983:77-80; (좀 더 많은 연속의 증거를 보는) McCready 1996:59-73을 보라. 또 Ascough 1998:71-94에 나오는 연구도 보라.
[2] 또 L. Michael White가 1992:3-22와 1992:23-36에서 그리스-로마 소셜 네트워크와 기독교 전파의 관계에 대한 Judge의 통찰에 동의하는 것을 보라.

도전서 7:20-24이 보여주듯이, 바울은 많은 사람들이 주장하고 싶어 하던 것에 제한을 가한다. 동등한 단체의 멤버라는 것이 가족의 전통적인 위계질서를 전복시키는 것을 지지하지는 않았다. 바울 편지들에는 형제애와 위계질서가 서로 긴장을 이루며 공존한다(참조. Barclay 1997:72-78).

초기 기독교공동체는 좋은 질서를 유지해야 할 필요성을 잘 알고 있다. 저자는 신약성경에 존재하는 "여론에 대한 민감성"에 대해 이야기한다. 이 감수성은 신자들이 갖고 있는 종말론적 신앙에서 유래하는 그만큼, 불안전에서 유래한다. 결과적으로, 저자는 신약성경의 사회사상이 어떤 비정상적인 행동이나 사회적으로 탈선적인 행동이 외부인들의 주의를 끄는 일이 생기지 않도록, "주로 공격보다는 방어를 위하여 형성되었다"고 결론짓는다(1960a:73).

목회서신은 여론에 대한 상당한 염려를 보여준다. 도덕적인 실패와 사회적인 탈선의 폭발을 더 효과적으로 방지하기 위하여 "교회 조직"이 강화된다. 가족은 신자들에게 그들이 그룹으로 존재할 수 있는 "최상의 가능한 안전"을 제공해주었지만, 이 결속이 열광에 의해서 깨어질 위험도 항상 있었다. 만약 "정치적으로 사려 깊지 못한 짓이나 가족의 위계질서에 대한 위반"이 생기면, 당국의 분노를 살 잠재성이 있었다(1960a:76).

이 이후에 학자들은 저자에 의해서 약술된, 신약성경 시대의 헬레니즘 도시의 사회 제도를 정의하려는 도전을 받아들였다.[3] 일부 학자들은 목회서신의 사회적 배경 연구에 특히 적합한 단행본을 출간했다.

---

3 예를 들어, Theissen 1982, Meeks 1983, Malherbe 1983, Stambaugh and Balch 1986, Kyrtatas 1987, Osiek 1992를 보라. 바울 가정 교회의 사회적 배경에 대한 탁월한 개론을 위해서는 Banks 1994를 보라.

3. "하나님의 가족"

신약성경의 편지들에 나오는 어떤 단락들-에베소서 5:22-6:9; 골로새서 3:18-4:1; 베드로전서 2:13-3:8; 디모데전서 2:8-15; 5:1-2; 6:1-2; 디도서 2:1-10; 3:1-2-은 가족의 멤버들의 책임과 의무에 대한 관심을 반영한다는 것이 오래전부터 인식되었다. 이것들은 그리스-로마의 일반적인 전통과 플라톤과 아리스토텔레스에서 유래하는 이전의 철학적인 담화의 일부이다. 멤버들의 의무는 개인들이 도시국가의 정치구조에 어떤 의무를 갖고 있는지를 다루는 더 광범위한 철학적 분석에서 잘 규정된 "주제"(*topos*)를 나타내는, 법전화되고 표준화된 형태로 제시된다.

1981년에 데이비드 발취(David L. Balch)는 베드로전서 2:18-3:9에 나오는 가족 규례(*Haustafel*)의 그리스-로마 배경과 이 편지에서 이 규례가 담당하는 기능을 다루는 단행본을 출판했다. 그는 신약성경의 가족 주제를 다룬 이전의 몇몇 연구를 기초로 삼았다(주로 Crouch[1972]와 Thraede[1977]). 비록 베드로전서에 집중하더라도, 발취의 연구가 목회서신을 이해하는 데에 주는 도움은 **가족 규례**의 전통을 가족 관리를 다루는 이전의 철학적 담화에 위치시키는 것이다. 이 담화는 국가 정치 질서라는 더 광범위한 배경에서 각 멤버의 적합한 의무뿐만 아니라 또한 가족의 관리, 권위 구조, 질서도 검토했다.[4] 이 **주제**가 언급되는 제2바

---

4 Plato, *Republic* 4.433A-434C; *Laws* 6.771E-7.824C; Aristotle, *Nicomachean Ethics* 8.x과 가장 광범위하게는, Aristotle의 *Politics*의 첫 번째 책의 대부분을 보라. *Politics*에 나오는 우월한 자와 열등한 자 또는 지배자와 피지배자에 대한 Aristotle의 삼중의 쌍은, 즉 남편/아내, 아버지/자녀, 주인/노예는 신약성경 규정에 최상의 병행을 제공한다.

울서신과 후기의 신약성경 편지들에서, 기독교 저술가들은 의식적으로 이 전통적인 내용을 공동체에게 주는 권면에 적용한다. 각각의 경우에, 신약성경 저자들은 하위 멤버들이 그들의 거주지의 관습과 기대를 완전히 지키지 못해서 가족의 전통적인 위계질서가 전복되지 않도록 주의를 기울인다.

저지와 마찬가지로, 발취도 로마인들은 여자들과 노예들의 동방 제의 참여를 통하여 가족이 전복될 잠재성을 오래전부터 감지했다고 말하고, 그들의 개입으로 인해서 야기된 많은 공격과 분노의 예를 제공한다. 그의 주장에 의하면, 사회질서의 수호자인 로마 지배 계층은 가족의 관습을 무너뜨리는 것과 관련하여 그리스도인들에게 쏟아지는 비난에 특히 민감했을 것이다. 발취의 주장에 의하면, 가족 규례가 신약성경에 들어있는 것은 종종 주장되는 것처럼[5] 교회에서 종말론적 기대가 점점 줄어들었다는 증거가 아니라, 오히려 사회의 모든 멤버들이 로마의 사회-정치 관습을 받아들이기를 기대하는 외부인들의 실제적인 또는 잠재적인 비판에 대해 교회가 반응했다는 증거이다(1981:106).

좀 더 최근에 발취와 카롤린 오시에크(Carolyn Osiek)는 『신약성경 세계의 가족: 가족과 가정 교회』(*Families in the New Testament World: Households and House Churches*, 1997)라는 제목으로 그리스-로마 가족에 대한 명쾌한 설명서를 출간했다. 이 책은 먼저 그리스-로마 가족의 사회적 환경과 관련 있는 고고학적 장소와 문학적 자료를 다루고, 그런 후에 초기 기독교 가족과 가정 교회에 대한 논의로 나아간다. 저자들은 이상적인 가정의 가부장적 구조와 가족 조직 내의 여성, 자녀, 종의 열등한 위치를 강

---

5 예를 들어, Dibelius-Conzelmann 1972:40에 나오는 딤전 2:1-7에 대한 논평을 보라.

조한 이전의 신약성경 연구 결과를 유지한다. 여자는 성적 욕망을 통제할 수 없다는, 그래서 잠재적으로 가족 전체를 수치와 불명예에 빠뜨릴 수 있다는 널리 퍼진 통념을 감안하면, 여자는 "통제되고, 외부 접촉이 금지되고, 보호되어야" 할 필요가 있었다(1997:40).

발취와 오시에크의 주장에 의하면, 목회서신을 포함하여 제2바울서신에 가족 관리 **주제**가 나타나는 것은 저자들이 제국의 도시와 마을에 널리 퍼져있는 가부장적 사회 관습을 수용한다는 것을 보여준다. 이 규례는 이전의 바울 교회에서 다소 불편한 긴장 가운데 존재하던 해방적이고 형제적인 경향이 쇠퇴한다는 것을 알려준다.

바울 교회에서는 몇몇 여자들이 가정 교회를 주관했었다. 우리는 이 책임을 감당한 글로에(고전 1:11), 브리스가(아굴라와 함께, 고전 16:19; 롬 16:5), 님바(골 4:15)를 알고 있다. 다른 여자들은 바울과 같은 자격으로 그의 선교에 참여했다(롬 16:3, 6, 12; 빌 4:2-3을 보라).[6] 또 다른 여자들은 기도하고 예언하거나(고전 11:5, 13) 심지어는 사도의 직무도 수행했다(유니아 [또는 율리아], 롬 16:7). 로마서 16:1에서 뵈뵈는 "집사"로 뿐만 아니라 또한 후원자(헬라어: 프로스타티스[prostatis])로도 불린다. 전자의 직무는 플리니(Pliny)가 110년경에 비두니아에서 그리스도인들을 심문할 때에 고문한 두 여자 노예의 직무(미니스트라이[ministrae]로 표현된다)와 어울린다(*Epistles* x.96 [8]).

데이비드 베너(David C. Verner)는 그의 책 『하나님의 가족: 목회서신

---

6 Balch and Osiek는 Schüssler Fiorenza 1983:169-75에 나오는 논의에 주목한다. 그녀가 말하는 요점은, 롬 16:6, 12에서 바울은 자기의 복음을 전하고 가르치는 사역에 사용하는 것과 똑같은 헬라어 동사 코피안(*kopian*, 일하다)을 자기와 함께 "일하는" 여자들에게 사용한다는 것이다(1983:169). 이외에도, 고전 16:16에서 바울은 수신자들에게 모든 "동역자와 사역자"에게 복종하라고 촉구한다(참조. 살전 5:12).

의 사회적 세계』(*The Household of God: The Social World of the Pastoral Epistles*, 1983)에서 가족 규례의 기원과 기능에 대한 발취의 이전 결론에 전반적으로 동의했다. 디모데전서 3:14-15의 진술을 집중 연구하면서, 베너는 목회서신의 저자가 "교회는 하나님의 가족이라는 일관성 있는 개념"을 제시한다고 주장한다. 이 편지들의 저자는 가족이 교회의 기초적인 사회 단위이고 교회 자체가 "가족의 모델을 따라 형성된 사회 구조"라고 주장한다(1983:1).

이 편지들에 나오는 반론(딤후 3:6; 딛 1:10-11을 보라)은 교회 가족 내에서 사회적 갈등을 야기함으로써 좋은 질서를 무너뜨리려는 사람들을 향한다. 발취에 동의하여, 베너는 교회가 국가의 정치 구조를 전복시킨다는 비난을 받고 있다고 주장하고, 가족의 동요와 관련된 로마 지배 계층의 감수성에 대한 저지와 발취의 평가를 강조한다. 그는 이와 동일한 염려가 제국 전체에 퍼져있었다고 믿는다. 왜냐하면 가족의 전통적인 가부장적 구조는 전체 사회의 좋은 질서와 궁극적으로는 **로마의 평화**(*pax Romana*) 자체를 유지하는 데에 필수적인 것으로 간주되었을 것이기 때문이다(1983:76).

베너에 의하면, 신약성경 저자들은 교회의 상위 및 하위 멤버들을 권면하기 위하여 가족 관리 **주제**를 사용한다. 이 규례는 모두 전통적인 자료를 사용하는데도 불구하고, 또한 언급되는 특수한 상황에 대한 증거도 있다. 또 그에 의하면, 폴리캅의 빌립보서 4.2-6.1(참조. Ign. *Pol.* 4)처럼 목회서신은 교회 멤버들의 다른 범주들도 포함시키기 위하여 가족의 멤버들에 주어지는 규례를 바꾸고 확장했다(벧전 2-3장; 엡 5장; 골 3장에서처럼). 그 결과, 그와 폰 캄펜하우젠(von Campenhausen 1963:230)이 "정거장" 규례라고 부르는 것이 되었다. 디모데전서 2:1-6:1과 더 정확하게는 디도서 2:1-10이 사실상 "정거장" 규례이다(Verner 1983:83-111).

베너의 관찰에 의하면, 교회 지도층의 핵심은 분명히 나이가 많은, 부요한, 자격을 갖춘 (남자) 집주인들에 한정되어 있다. 교회 가족에 대한 그들의 통치는 자신의 가족에 대한 그들의 통치와 비슷하다. 기혼 여성은 가사와 정숙의 미덕을 함양하고, 로마 기혼 여성의 술 취하지 않은 상태를 열망하라는 권면을 받는다. 여자가 교회에서 가르치는 것은 금지되고, 목회자는 그들의 주제넘음에 대항하는 아주 강력한 논증을 전개한다.[7]

여기서 베너는 목회서신의 저자가 결혼 거부를 비난하고 여자에게 교회에서의 가르침 사역을 금지하는 것을 관찰하면서, 해방적인 바울행전과 목회서신 사이의 대조를 감지한다. 왜냐하면 바울행전은 결혼 거부를 지지하고 여자의 가르침 사역을 권장하기 때문이다(1983:178). 교회가 "진짜" 과부들을 돌보는 것이 버거워지면서(딤전 5:16b를 보라), 그들에 대한 후원은 "신실한 여자들"(16a절)에게 맡겨진다. 이전의 바울 선교의 많은 기업가적인 후원자들은 이 여자들의 계층에서 나왔을 것이다. 종은 "하나님의 이름과 가르침이 모독당하지" 않도록 주인에게 복종하라는 권면을 받는다(딤전 6:1).

목회서신에서는 지도자의 사역이 더 이상 은사적으로 수여되지 않는다. 성령은 이제 자격을 구비한 집주인이 안수할 때에 수여된다. 베

---

7 Verner 1983:169-71을 보라. 그 당시의 관습적인 지혜와 일치하게, 목회자는 남자가 여자보다 근본적으로 더 우월하다고 믿는다. 이것은 두 가지 방식으로 입증된다. 첫째로, 남자가 여자보다 먼저 창조되었다(딤전 2:13). 둘째로, 디모데전서는 하와의 죄를 성적 범죄로 제시하는데(2:14), 이것은 (또한 우연히 고후 11:3에서도 발견되는) 일반적인 초기 유대교 미드라쉬 전통을 반영한다. 이 도덕적 실패 때문에 여자는 아이를 낳음으로써, 즉 "그녀가 지었다고 보는 범죄에 상응하는 속죄 형태로" 구원을 얻어야 한다(1983:170; 참조. M. Y. MacDonald 1999:246). 또 아래의 제5장 각주 5도 보라.

너는 좋은 말할 것도 없고 여자와 의욕적인 젊은 남자도 이제는 핵심 멤 버에서 제외된다고 추정한다. 베너는 교회 가족의 하위 그룹인 그들이 바로 목회서신에서 논박되는 거짓 교훈의 추종자와 옹호자라고 제안한다. 그에 대한 반응으로, 이 편지들은 그리스-로마 도시 사회의 사회적 가치를 지지할 필요성을 강조한다. 하나님의 가족인 교회의 지도층은, 베너의 말에 의하면, "그 사회의 귀족적인 열망을 좀 더 작은 영역에서 똑같이 공유했다"(1983:160). 하지만 목회서신의 교회들은 바울 선교의 시작부터 존재했던 사회적 긴장을 보여주는 영역으로 남아있다.[8]

저지와 발취도 주장했듯이, 이것은 교회가 사회적 일탈 때문에 항상 불안해하는 세계에서 지속적으로 존재하는 데에 재앙적인 결과를 야기할 잠재력을 갖고 있었다. 목회자는 "위계적인 구조를 합법화하는 교회의 이미지를 증진시킴으로써" 이 도전에 대처했다(1983:186).[9] 그는 단연 집주인들의 지도층과 계층에 우호적이다.

4. "부르주아 기독교"

발취, 오시에크, 베너는 목회서신에 나타나는 그리스-로마 가족의 중요한 역할을 강조했다. 그들은 이 편지들의 윤리적 비전을 부각시켰다. 이 비전은 교회에 적합한 모델인 그리스-로마 가족이 소중하게 간직한

---

[8] Verner의 주장에 의하면, 노예는 교회에서 "형제"라고 불리는 것에 익숙했다. 그러나 "그들이 직면하는 사회적 태도는 그들이 듣는 해방적인, 긍정적인 메시지와 상반되었다"(1983:185).

[9] Verner 1983:186. 후기 신약성경에 나오는 여자들의 역할에 대하여는, 예를 들어 Schüssler Fiorenza 1983:245-342와 M. Y. MacDonald 1999:236-53을 보라.

사회적 가치와 깊이 관련되어 있다. 지방정부와 로마정부가 잠재적으로 또 실제적으로 제기하는 사회적 일탈이라는 고소에 직면하여, 저자는 거대한 방어 전략을 구상한다. 하지만 이 전략은 교회로 하여금 좀 더 효과적으로 계속해서 증언하게 해준다는 점에서 긍정적인 측면을 갖고 있다.

이 편지들이 그런 가치를 채택하고 확인한다는 것은 오래전에 인식되었다. 20세기 전반에 마틴 디벨리우스(Martin Dibelius)는 목회서신이 그가 (시대착오적으로) "부르주아 기독교"(*bürgerliches Christentum*)라고 부르는 것을 이야기한다는 영향력 있는 주장을 제시했다. 이 편지들은 약해지는 종말론적 기대를 고려하여 신자들에게 좋은 시민의 가치를 심어주려고 한다. 진정한 바울서신과 대조적으로, 재림은 더 이상 임박한 것으로 여겨지지 않는다. 디벨리우스의 주장에 의하면, 목회서신의 저자는 기독교 원리에 기초하는 그런 삶을 꿈꾸면서, "이 세상에서 그 삶의 가능성을 구축하려고" 애를 쓰고 있다(Dibelius-Conzelmann 1972:39). 디벨리우스의 주장에 의하면, 누가복음-사도행전에서처럼, "좋은 시민의 윤리가 재림까지의 시기를 규제하는 데에 기여한다"(Dibelius-Conzelmann 1972:40). 영지주의자들의 금욕주의는 단호하게 거부된다. 이 편지들은 전통적인 가족 규례 명령을 능가하는 가족 윤리를 발전시키는 과정에 있다.

디벨리우스에 의하면, 이 편지들의 수신자들은 사회적으로 "부르주아"를 동경했다. 바울 교회에 있던 그들의 선배들은 도시 하류 계층 출신이었다. 이 견해는 1960년 이후로 저지와 다른 학자들의 연구에 의해서 단호하게 반박되었다. 그들은 사회적으로 과시적인 사람들이 처음부터 초기 도시 기독교공동체의 주류를 이루었다고 주장한다(Judge

1960a:49-61; Theissen 1982:69-119; Meeks 1983:51-77).

디벨리우스의 논지를 집중적으로 분석하는 최초의 단행본은 롤란드 슈바츠(Roland Schwarz)의 『신약성경의 부르주아 기독교?』(*Bürgerliches Christentum im Neuen Testament?* 1983)이다. 슈바츠는 목회서신이 외부인들을 자극하지 말라고 주장함에도 불구하고 목회서신은 사람들이 일단 의심하는 것처럼 "부르주아적"이지 않다고 생각한다. 그의 주장에 의하면, 이 편지들은 거짓 교사들의 영향에 대항하기 위한 전략으로 그리스-로마 권면과 의도적으로 동맹을 맺었다. 그의 제안에 의하면, 그들의 비정통성은 관습적인 사회 기준을 제대로 준수하지 않는 데서 드러났다. 이 편지들이 인정받는 윤리 덕목을 가르치는 것은, 이 편지들이 순응적이기 때문이 아니라 교회는 오직 이 방식으로만 자신을 거짓 교사들의 가치와 구별할 수 있을 것이기 때문이다.

목회서신의 사역자들은 제도화를 추구하는 교회를 창설하고 관리하는 자라기보다는, 오히려 이 편지들의 수신 교회의 바울 정체성을 보호하려는 자이다. 회중의 지도자로 구별된 사람들에게 주어지는 성령 수여와 바울 교회의 차별 없이 주어지던 은사적인 사역의 쇠퇴는 제도화된 "초기 가톨릭주의"의 시작을 의미하지 않는다. 오히려 이것은 바울 자신에게까지(특히 고린도전서에서) 추적할 수 있는 통상적인 경향의 적법한 작용이다(1983:156, 158).

교회 생활과 질서에 대한 목회서신의 규제는 임박한 파루시아 기대가 약해지는 징조로 해석되면 안 된다. 그 규제는 거짓 교사들과의 투쟁의 결과이다. 실제로, 윤리적 권면은 종말론적 동기에 기초를 두고 있다. 슈바츠는 사회적 관습에 대한 목회서신의 가르침을 바울 자신의 가르침의 적법한 확장으로 이해한다. 이 점에서, 목회자는 교회 생활에 대하여 은사지향적인 거짓 교사들이 제시하는 것과는 근본적으로 다른 비전을 제시한다. 그들은 모든 사람들이 동등하다는 갈라디아서 3:28의 세례 문구를 헌장으로 삼는 기독교 사회에 대한 대안 비전을 제시했다 (1983:162; 참조. Betz 1979:184). 이에 대해 슈바츠는 그리스도인이라는 것은 세상에서 사는 것과 또 일상생활의 의무에서 그것의 구조와-아마 위계적인 구조까지도-일치하여 사는 것과 관련되어 있다고 반박한다(참조. Karris 1979:xvii).

슈바츠는 디벨리우스의 "부르주아 기독교" 이론을 수정하는 반면에, 필립 타우너(Philip Towner)는 훨씬 더 비판적이다. 그의 단행본『우리의 지시의 목표』(*The Goal of Our Instruction*, 1989)에서 그는 디벨리우스와 그의 추종자들도 또 롤란드 슈바츠도 목회서신의 윤리적 가르침의 진짜 의도를 이해하지 못했다고 주장한다. 이 이론은 이 편지들이 단지 순응적인 것에 지나지 않는다는, 세상과의 평화로운 공존을 요청하는 문서라는, 세상의 가치와 "타협"하고 "병합"하는 데까지 나아간다는 암시를 준다(1989:15).

타우너의 주장에 의하면, 목회서신의 윤리의 목표-디벨리우스는 이 목표를 "부르주아"라고 규정한다-는 실제로 교회의 복음 선교를 촉진하려는 의도를 갖고 있다. 이 편지들의 저자의 의중에는 단지 교회의 존재만이 아니라 또한 교회의 선교도 들어있다. 비록 이 편지들의 사회적 배경을 연구하는 학자들과 거의 교류하지 않더라도, 타우너는 디모데전서와 디도서에서 저자가 가족 관리 **주제**를 각색한다고 인정한다. 많은 학자들과 더불어, 그는 저자가 이 **주제**를 사용하는 것은 저자가 목회서신 수신자들의 그리스-로마 도시 사회의 가치를 준수하는 것을 나타낸다고 해석한다. 하지만 이것은 단지 변증적인 전략일 뿐만 아니라 또

한 복음 사역을 강화하기 위하여 구상된 선제적인 전략이기도 하다.[10]

5. 목회서신과 부자

목회서신에 나타나는 부자의 역할과 이 편지들의 부에 대한 태도를 다룬 두 자극적인 단행본이 출판되었다. 그 첫 번째 책인 윌리엄 컨트리맨(L. William Countryman)의 『제국 초기 교회의 부자 그리스도인』(*The Rich Christian in the Church of the Early Empire*, 1980)은 부에 대한 그리스도인의 태도를 개관한다. 이 책의 연구는 저자들과 그들의 교회들의 사회적 맥락에서 진행된다. 컨트리맨은 초기 교회의 멤버들이 하나의 단일한 사회 계층이나 경제 계급에서 나오지 않았다는, 위에서 언급했던 관찰을 확인해준다. 초기 기독교 문헌에서 모아보면, 교회에는 "부자와 가난한 자, 특권이 있는 자와 없는 자가 포함되어 있었다"(1980:33). 부자가 교회 안에 포함되어 있는 것이 갈등과 문제를 야기했다.

컨트리맨에 의하면, 부자는 회중 가운데 있는 가난하고 빈곤한 자를 구호해 달라는 기대를 받았다. 그의 주장에 의하면, 비록 부자는 종종 가장자리의 그리스도인과 잠재적인 배교자로 묘사되었더라도, 교회는 부자를 필요로 했고 부자와 거리를 둘 수 없었다. "구호는 개별 회중 안에서 사람들을 한 데 묶고 에큐메니칼 교회 안에서 회중들을 한 데 묶는

---

10 Towner는 자신과 논쟁하는 다른 학자들 사이를 불필요하게 엄격하게 대조한다. 그리스-로마의 사회적 가치를 인정하지 않고는, 정확하게 목회자가 촉구하는 사안을 인정하지 않고는, 초기 교회는 성공적인 도시 선교를 실행할 수 없었다. 소셜 네트워크와 새로운 신앙 전파 사이의 불가결한 관계를 위해서는, 위에서(각주 2) 인용한 L. Michael White의 논문들을 보라.

단합의 접착제였다"(1980:118). 어떤 측면에서는 교회는 도시국가와 비슷한 방식으로 부자의 재물이 필요했다. 시민들에게 자선을 베푸는 것은 그리스-로마 사회에서 재물을 분배하는 일반적인 방법이었다. 하지만 자선가는 부분적으로는 비석과 지위 및 특권 수여로 측정되는, 명예 형태의 보상을 기대했다. 자선가는 "대중의 인정을 향한 사랑"(헬라어: 필로티미아[*filotimia*])에 의해서 자극을 받았다. 이와 같이 자선 제도는 상호적인 현상이었다. 이것은 시민들과 국가에 유익했고, 결국에는 자선가 자신에게도 유익했다.[11]

컨트리맨의 주장에 의하면, 또한 부자는 부분적으로는 그들이 사회적 약자에게 보일 수도 있는 경멸 때문에 또 부분적으로는 그들이 적법한 교회 당국자에게 불순종할 수도 있는 잠재성 때문에 교회를 위험하게 만들기도 했다. 컨트리맨은 목회서신이 바로 이 시나리오를 제시한다고 주장한다. 바울의 사절인 디모데와 디도의 권위는 외부의 출처에서 나온다. 저자가 세우려고 애쓰는 질서에 어긋나게, 부요한 여자들이 회중 가운데서 가르치려고 했다는 증거가 있다(딤전 2:9-10을 보라). 디모데전서의 끝부분에서 저자는 부자들에게 교회에서 그들이 담당해야 하는 역할이 무엇인지를 말해준다. 그들은 구호함으로써 교회를 관대하게 후원해야 한다. 그들은 "적합하게 세워진 권위자들과 경쟁하려고" 해서는 안 된다(1980:154).

하지만 컨트리맨의 주장에 의하면, 부자 그리스도인은 자기가 교회에서 담당하는 역할이 그의 비그리스도인 동료가 종교 단체나 클럽에서

---

11 자선 제도에 대한 영향력 있는 연구를 위해서는 Danker 1982:특히 317-493을 보라. Danker는 목회자가 자선 문화를 상기시키는 용어로 교회 지도자들과 부자들에게 호소한다는 Countryman의 주장을 인정한다.

담당하는 역할과 비슷하다고 기대했을 것이다. 그들은 후원자로서 클럽의 재정적인 필요를 해결해줄 것이라는 기대를 받았다. 그 대가로 고마워하는 멤버들이 주는 명예가 비석에 기록되었다. 클럽 임원에게는 이 기부의 조건을 변경할 수 있는 자유가 없었다. 하지만 교회에서는 성직자가 부자의 기부를 철저하게 통제했다. 클럽에서는 관대한 후원자에게 규칙적으로 명예가 부여된 반면에, 교회에서는 "후원자"에게 아무런 명예도 주어지지 않았다. 게다가, 클레멘트 1서 44.2-3에서처럼, 성직자는 종신직으로 임명되었을 수도 있다. 클럽에서는, 부자는 다양한 직책에 선출되리라고 기대할 수 있었다.

그러므로 갈등의 잠재성이 상당했다. 실제로 목회서신의 저자는 부요한 (남성) 집주인을, 그들이 기준을 충족시키는 한, 성직자의 직급으로 선출한다. "모든 사역자 직급은 성공한 집주인에게 어울리는 덕목을 보여 달라는 기대를 받는다"(1980:181 n. 42). 2세기와 3세기에 많은 감독들은 상당한 재물을 갖고 있다는 증거를 보여 달라는 기대를 받았다.

레기 키드(Reggie M. Kidd)의 『목회서신에 나타나는 재물과 자선』(*Wealth and Beneficence in the Pastoral Epistles*, 1990)은 주로 디벨리우스의 "부르주아 기독교" 이론을 다룬다. 그는 많은 부분에서 저지(1960a)뿐만 아니라 컨트리맨(1980)과 베너(1983)에게도 빚을 지고 있다고 밝힌다. 키드는 목회서신이 "문화적으로 순응적이고" "비겁하게 보수적인" 윤리를 보관하고 있고 문화적으로 비판적인 바울의 자세가 순응적인 자세로 대체되었다는 디벨리우스의 견해와 대결한다.

키드는 목회서신의 수신자들이 사회적으로 우월했다는, 그런 의미에서 "부르주아"라는 주장을 솜씨 있게 제기한다. 그의 주장에 의하면, 바울 선교는 처음부터 그런 사람들 가운데서 성공을 거두었다. 컨트리맨에게서 단서를 취하여, 그는 부요한 신자들이 일종의 종교 단체나 클럽에 속해 있는 것으로 생각했을 것이라고 제안한다. 그들은 자신들과 동료들이 클럽에서 수행했던 역할과 비슷한 역할을 교회에서도 수행하리라고 기대했을 것이다. 하지만 목회서신은 재물이 교회에서는 자동적으로 지도자의 자격을 부여하는 것으로 간주되어서는 안 되고, 가난한 자를 섬기는 데에 사용되어야 한다는 것을 분명하게 밝혀준다.

키드의 단행본의 제2장(1990:35-109)은 그가 적절하게 "동기와 상호성" 제도라고 부르는 것의 사회적 함축뿐만 아니라 또한 그리스-로마의 자선 제도도 다룬다. 부요한 시민들(Bürgers)은 이 제도에 의해서 그들의 공동체와 결합되어 있었다(1990:112). 키드는 목회서신에 시민적인(bürgerlich) 측면이 있음을 인정한다. 이 편지들은 부자들이 인정하는 도덕적 가치와 덕목을 유지하면서, 그들의 재물을 너그럽고 관대하게 다른 사람들을 도와주는 데에 사용하기를 기대한다. 하지만 이 편지들은 또한 반시민적이기도(anti-bürgerlich) 하다.

저자는 교만을 비난한다. 즉 부자는 자신을 더 뛰어난 사람으로 간주하면 안 된다. 교회에게 준 자선에 대한 보상은 대중적인 명예 형태의 불멸이 아니다. 오히려, 자선가는 그의 소망을 땅의 "친구들"의 상호성이 아니라 하늘의 보상에 두어야 한다. 이런 식으로, 저자는 시민(Bürger)으로 사는 데에 아주 중요한 자선 문화의 전체 구조에 도전하고 그것을 전복시킨다. 디벨리우스의 이론은 이 측면에서 심각하게 부족한 것으로 드러났다. 목회서신은 그리스-로마 세계에서 통용되던 재물과 시민 의무에 대한 몇몇 아주 기본적인 생각을 공유하기도 하고 또 공유하지 않기도 한다.

제4장(1990:159-94)은 이 편지들의 윤리가 "비겁하게 보수적이라는"

주장과 씨름한다. 키드는 저자가 종말이 임박해있고 현재의 상태는 임시적인 것이기 때문에 현재의 상태를 기꺼이 인내하려는 바울의 바람을 포기했다는 것이 사실이냐고 묻는다. 저자는 "현재의 불평등적인 조건을 교회가 세상에서 생존하는 데에 필요한 것으로" 인정하게 되었는가?(1990:159)

키드는 저자가 묵시적인 기대와 단절되지 않았다고 주장한다. 실제로 종말은 임박해있다. 즉 요즘은 "마지막 날들"이다(딤후 3:1-4을 보라). 바울 자신이 교회를 불평등한 공동체로 간주했다. 갈라디아서 3:28은 사회적인 평등이 아니라 하나님 앞에서 평등한 상태를 가리킨다. 키드의 주장에 의하면, 이 점에서 목회서신은 바울과 일치한다. 롤란드 슈바츠와 마찬가지로, 그도 윤리적 권면이 종종 종말론적 소망의 확실성에 근거를 두고 있음을 보여주려고 애쓴다(1990:171, 173; 참조. Schwarz 1983:104-5). 키드가 진정한 바울서신과 목회서신은 "사회적 자세"과 묵시적 기대의 문제에서 일치한다고 지나치게 확신하더라도, 이것이 우리의 시선을 키드의 전체 분석의 통찰력으로부터 돌려놔서는 안 된다. 목회서신에 적용된 "부르주아 기독교" 개념은 더 이상 디벨리우스가 표현한 형태로는 유지될 수 없다.

6. 목회서신에 나타나는 제도화

우리는 이 편지들이 사도의 죽음 이후에 바울 교회에서 점증하는 제도화에 대하여 증언한다는 말의 의미를 숙고해야 할 이유를 이미 갖고 있었다. 바울 공동체는 전적으로 성령의 지배를 받았고 그 조직과 사역은 전적으로 은사적이었다고 주장된다. 20세기에 많은 영향력 있는 학자들이 고린도 교회에서 명백하게 드러나는 성령이 수여된, 차별 없이 수여된 사역과 목회서신에서 분명하게 드러나는 위계와 질서에 대한 관심을 서로 대조하고 그 대조를 강조했다.

1) 초기 가톨릭주의

에른스트 케제만(Ernst Käsemann)의 논문 "바울과 초기 가톨릭주의"(Paul and Early Catholicism, 1969:237-51)는 은사가 부여된 사역과 제도화된 사역을 훌륭하게 대조한다. 그의 주장에 의하면, 목회서신을 포함하여 2세기의 저작들에 나타나는 교회 정치 체제는 임박한 파루시아 기대의 약화와 열광주의의 발흥에 의해 야기된 위기에 대한 반응이었다(1969:242, 247). 일반 평신도들과 대조하여 공식 사역자들의 핵심 그룹을 강조하는 이 정치 체제는 진정한 바울서신에서 감지되는 상황과는 아주 다르다. 바울서신에서는, 모든 신자들이 은사자로 불린다. 그 이후의 발전은 "초기 가톨릭"이라고 규정될 수 있고, 그런 것으로서, 신자들의 자유의 포기를 나타낸다. 이 자유는 사역 직무와 제의 행사의 관례화의 안전을 위하여 성령에 의해 사역자에게로 옮겨졌다.

2) 바울 및 바울 이후 교회에 나타나는 제도화

바울서신에 나타나는 사역과 조직의 제도화 단계들에 대한 마가레트 맥도날드(Margaret MacDonald)의 중요한 연구(1988)는 질서와 사역의 발전을 단순히 구상해내고 심지어는 안타까워하는 케제만의 연구와 같은 극도로 상반되는 연구를 교정한다. 그녀의 주장에 의하면, 단지 역사적인 방법뿐만 아니라 사회적인 방법도 함께 사용할 때에, 바울 및 바울 이후 교회에서 이루어진 제도화 발전 추적이 좀 더 완전한 이해에 도달하게 될 것이다. 그녀의 확신에 의하면, 이런 방식으로 우리는 분석 중인 변화가 어떻게 그리고 왜 일어났는지에 대해 더 많은 것을 배우게 될 것이다. 그녀는 바울 공동체의 사회적 세계를 밝혀내기 위하여 사회 과학의 통찰을 활용한다. 그녀는 초기 바울 신자들의 세계가 교회의 사역과 질서의 변화를 일으킨 촉매제였다고 주장한다.[12] 그녀의 목표는 "신념과 사회 구조 사이에 존재하는 변증법적 관계"를 이해하는 것이다(1988:9).

맥도날드는 특히 대부분 베버(Weber)에서 유래하고 벵트 홀름버그(Bengt Holmberg)가 바울 공동체의 질서에 대한 연구서인『바울과 권력』(*Paul and Power*, 1980)에서 사용한 사회학적 모델에 빚을 지고 있다. 홀름버그는 제도화가 바울 자신에게서 시작되었다고 본다. 바울의 편지들에서 볼 수 있듯이, 바울은 수신 교회에서 자연스럽게 등장하는 다양한 지역 직분자를 지지하고 그들의 독립성을 중시한다. 또 그의 독자들과 대화하고, 그들의 질문에 대답하고, 그들을 비판하고 권면하면서, 그는 그들이 식별하고 판단하는 지식과 능력을 강화한다. 그 편지들은 사도 권위를 사용하는 것인 동시에 그 권위를 "확산"시키는 것이다(1980:186).

---

12 MacDonald는 이 관점에서는 Judge에게 비판적인 태도를 취한다. Judge는 초기 그리스도인들이 사는 환경 이외의 환경에서 유래한 모델들을 사용하는 것에 회의적인 반면에, 그녀는 (T. F. Carney와 더불어) "사고방식이 우리의 생각을 지배한다"고 주장한다. 그녀는 "모델 형성 과정과 결부되어 있는 개념, 주장, 가정, 이론은 각자에 의해서 끊임없이 사용된다. 왜냐하면 이것들이 사용할 수 있는 유일한 개념적인 도구이기 때문이다"는 말을 덧붙인다(1988:26).

맥도날드는 바울서신에는 세 수신 세대의 범위에 상응하여 삼중의, 점증적인 제도화 발전이 있다고 주장한다. 이 세 단계는 다음과 같다.

① 공동체를 세우는 제도화: 이것은 논란이 되지 않는 바울 편지들에서 명백하다,
② 공동체를 안정시키는 제도화: 이것은 골로새서와 에베소서에서 명백하다,
③ 공동체를 보호하는 제도화: 이것은 목회서신에서 명백하다. 각 발전 단계의 문서들은 공동체 생활의 네 측면과 관련하여 검토되었다. 즉 세상/윤리에 대한 태도, 사역, 제의, 신념 등이다.

목회서신은 거짓 교사들이 제기하는 공동체의 바울 정체성에 대한 심각한 도전과 외부인들이 제기하는 공동체의 일탈적인 행위에 대한 비판을 고려하여, 시급히 공동체 생활을 안정시켜야 할 필요를 보여준다. 이 편지들의 저자는 공식 지도자들의 권위를 강조하고, 그들을 교회에 바울 정체성을 부여하는 상징적인 우주 세계의 방어자와 보호자로 합법화한다. 컨트리맨과 베너, 좀 더 최근의 키드와 마찬가지로, 맥도날드도 이 지도자들은 전적으로 부요한 남성 집주인 계층에서만 나오는 것을 목격한다. 그들은 사회적으로 존경할만하고, 그리스-로마 도시 엘리트들이 인정하는 윤리 기준에 부합하고, 교회 지도자에게 요구되는 가르침의 재능을 분명하게 보여준다. 오직 그리스-로마 가족의 가치와 질서를 보전함으로써만 교회는, 하나님의 "가족"으로서, 제국을 포용하기를 기대할 수 있었다.

3) 장로와 감독

장로(헬라어: 프레스비테로스[presbyteros])의 직분과 감독(헬라어: 에피스코포스[episkopos])의 직분의 관계 문제가 최근에 새로운 학문적 검토를 촉발시켰다. 일부 주석가들에게는, 이 직분들은 동일한 것이다. 한 세기 이전에 위대한 라이트푸트(J. B. Lightfoot)는 이 두 용어가 하나의 직분에 상호교환적으로 사용할 수 있는 명칭이라고 주장했다(1885:95, 96-99, 193). 빌립보(빌 1:1), 소아시아(행 20:28; 딤전 3:1), 그레데(딛 1:7)의 이방 교회에는 감독과 집사가 있었다. 장로는 유대-기독교 기원의 교회에서 발견된다.

다른 학자들의 주장에 의하면, (목회서신에서 항상 단수로 언급되는) 감독은 장로들의 그룹에서 나왔고 장로들의 모임을 주재하는 행정적인 역할을 맡았다. 시간이 지나면서, 이것은 이그나티우스 서신에서 드러나는 교회 구조로 발전되었다.

핸슨(Hanson, 1982:31-38)은 이것이 목회서신에서 마주치게 되는 상황이라고 주장한다. 또 다른 학자들은 이 편지들이 두 개의 서로 다른 교회법의 병치를 보여준다고 주장한다. 하나는 분명하게 바울적인 것으로 감독과 집사로 구성되고(빌 1:1), 다른 하나는 유대-기독교적인 것으로 장로로 구성된다. 목회자는 전자를 선호한다고 한다. 그는 바울적인 것을 우선시하는 방식으로 이 두 구조를 결합하려고 노력했다.[13]

최근에 프란시스 영(Frances Young)은 가족으로서의 초기 교회에 집중함으로써 유대교의 회당과 장로 제도가 목회서신의 교회들에게 미

---

13 Roloff 1988:169-78을 보라. Redalié 1994:350-51을 참조하라.

쳤을 수 있는 영향을 희미하게 만들었다고 주장했다(1994a: 99-111; 1994b:142-8).[14] 원래 바울 교회에는 장로가 없었다. 하지만 시간이 흐르면서 가족 교회의 감독은 회당에서 회당 관리자(헬라어: 아르키쉬나고고스 [archisynagogos])와 결부되어 있던 행정적인 역할을 더 많이 맡게 되었다(1994b:147).

이와 동시에, 교회는 장로들이 공동체 지도자의 기능을 담당하는 유대교의 것과 비슷한, 자신의 고유한 장로 제도 또는 장로 모임을 만들고 있었다(1994a:109). 유대교와 회당 구조의 영향을 많이 받아서, 기독교공동체의 장로는 거룩한 전통과 기억의 보호자의 역할을 맡게 되었다. 유대교 장로들이 구호 담당자와 회당 직원뿐만 아니라 회당 관리자도 임명했던 것처럼, 목회서신도 장로들이 그들 중의 하나를 "감독"(헬라어: 아르키쉬나고고스[archisynagogos])으로 임명하기 시작하는 것을 증언한다.

집사는 회당의 구호 담당자 및 직원과 비슷했다. 이와 같이 이 편지들은 초기 그리스도인들이 자신들을 고유한 공동체 지도자들(즉, 장로들)이 있는, 유대인 및 이방인과는 다른, 제3의 "인류"(헬라어: 에트노스 [ethnos])로 보았다는 또 하나의 확실한 증언이다. 비록 비슷하게더라도, 이 장로들은 유대교에서 장로들이 담당했던 기능을 담당했다(1994a:110; 1994b:148).

제시된 회당의 유비와 영향을 거부하면서, 알리스테어 캠벨(R. Alistair Campbell)은 독창적인 논지를 제기한다(1995:176-205). 그는 목회서신

---

14 신약성경과 사도 이후의 기독교에서 교회의 조직에 미친 회당의 영향에 대한 Young의 견해는 Burtchaell 1992:228-71, 272-338에서 반영된다. Burtchaell은 사도행전, 목회서신, 클레멘트 1서의 시대에는 장로의 직분과 감독의 직분이 기능적으로 동일한 것이었다고 생각한다(1992:296-97, 344-45). 그 역할은 Ignatius에게서 처음으로 구별되기 시작한다.

이 감독이라는 새로운 직분을 합법화하기 위하여 기록되었다고 주장한다(1995:196). 이전의 장로 직분과 새로운 감독 직분의 관계는 세 편지 중에서 가장 먼저 기록된 디도서에서 감지할 수 있다. 1:5에서 저자는 도시마다 장로들을 임명하라고 지시하는데, 캠벨은 이 규정을 각 도시마다 한 명의 장로를 임명하라는 의미로 해석한다(1995:197). 목회자가 즉시 1:7에서 감독의 조건을 제시하기 시작하는 것을 지적하면서, 캠벨은 이것이 그렇게 임명된 각 장로에게 부여되는 칭호라고 주장한다(1995:198). 디모데전서의 상황은 이전에 그레데의 교회들에서 기대되던 기능과는 다른 기능을 전제하고 있다.

또 캠벨은 목회서신에서 바울 교회의 사역의 토대였던 가정 교회(house-church)의 발전을 본다. 그는 장로 모임을 가정 교회 지도자들을 가리키는 집단 체제로 보아야 한다고 주장한다(1995:204). 감독은 사도나 그의 사절의 사역을 이어받는다. 이 편지들의 교회 질서는 이미 바울 선교에서 작동하던 것으로 감지되는 질서가 이후에 더 발전된 것이다.

분명히, 이 복잡한 이슈에 대한 의견 일치는 이루어지지 않고 있다. 다만 학자들은 **장로**와 **감독**이 단순히 동의어이고 상호교환적이라는 이전의 견해에는 덜 끌리는 것으로 보인다. 그럼에도 불구하고, 목회서신의 사회적 배경은, 특히 회당의 가능성 있는 영향과 관련하여, 이 편지들의 교회 질서와 직분들의 관계에 대한 새로운 관심을 불러일으켰다.

7. 결론

이 장에서 살펴본 대부분의 학자들은 목회서신의 도시 사회 맥락의 윤곽을 조사하려고 했다. 그들은 우리에게 신자들의 사회적 위치가 신약성경의 저술에 영향을 미친다는 것을 상기시켜주었다. 학자들은 마치 수신자들이 진공 상태에서 살았다는 듯이 단지 목회서신과 논란이 되지 않는 바울 편지들을 대조하거나, 바울 전통이 말로 표현되는 방식을 추적하거나, 이 편지들의 진정성을 변호하는 데에 만족하는 학문적 방법론의 짧은 시야를 강하게 비판했다.

이 사회적 맥락은 초기 저술가들이 교회에게 말하는 방식을 결정하는 데에 중요한 역할을 감당했다. 마가레트 맥도날드, 데이비드 베너, 윌리암 컨트리맨, 레기 키드 같은 학자들은 사회적 맥락에 찬찬히 주목하는 것이 (맥도날드의 경우에는 사회학적 모델을 현명하게 사용하는 것이) 목회서신 연구에 얼마나 유익한지를 보여주었다.

에드윈 저지가 이 과업에 기여한 공헌은 과소평가되어서는 안 된다. 신약성경 시대의 고도로 구조화된 도시 사회 환경과 신약성경의 문서들을 상호관련시킴으로써, 그는 그 문서들을 자신의 고유한 사회적 조건과 관련하여 이해하려는 현대의 연구를 가동시켰다. 목회서신은 그리스-로마 도시 지역에 자리 잡고 있던 독자들에게 이야기하려는 완전히 조건적인 시도로 드러난다.

제4장

목회서신의 문학적 배경

1. 편지란 무엇인가?

고전 시대에 기록된 방대한 양의 편지들이 남아있다. 이 편지들은 온갖 사회 계층과 지위의 사람들에 의해서 또 그들을 위해서 기록되었다. 이 스펙트럼의 한 쪽 끝에서 우리는 이집트의 반문맹적인 파피루스 편지들을 만난다. 다른 쪽 끝에는 왕과 왕자, 귀족, 감독, 철학자가 쓴 편지들이 있다. 아리스토텔레스의 편지들을 모아서 출판한 『아르테몬』(*Artemon*)은 편지를 "절반의 대화"로 규정했다. 이것은 고대 세계에서 편지의 기능을 이해하는 데에 중요한 관찰이다.[1]

현대에서 고대의 편지들에 최초로 관심을 가진 사람은 구스타프 아돌프 다이스만(Gustav Adolf Deissmann)이라고 할 수 있다. 19세기 말에 그는 새로 발견되어 출판된 다수의 (비문들을 포함하여) 파피루스 편지들

---

[1] Artemon의 관찰은 Demetrius, *On Style* 223에서 인용된다(본문은 W. Rhys Roberts가 번역한 Loeb Classical Library에 들어있다).

이 신약성경 연구에 어떤 의의를 갖는지를 알려주는 작업에 착수했다. 원래 각각 1895/97년과 1908년에 독일어로 출판된 두 권의 주요 저서-*Bibelstudien*(1901년에 영역)과 *Licht vom Osten*(1910년에 영역)-에서 그는 흥분되는 문서와 비문 발견에 대한 그의 탐구적이고 다소 낭만적인 생각을 표현한다.[2] 그의 생각에는, 이 자료는 기독교가 "하위 계층"에서 사역하는 비문학적인, 종교적인 천재들의 활동에서 유래되었다.[3]

다이스만은 "진짜" 편지(letters)와 "진짜가 아닌" 서신(epistle)을 구별했는데, 이 구별은 적잖은 영향력을 발휘했다. 그의 주장에 의하면, 편지는 직접적이고 개인적인 맥락을 위한 것이었다. 편지는 일시적이고, 우연적이고, 특수한 것이었다. 그는 비문학적인 파피루스 편지들이 바울 편지들의 최상의 비교 대상이라고 생각한다. 편지는 의도적으로 문학적인 스타일을 추구하지 않았다. 다른 한편으로, 서신은 후대와 광범위한 대중을 위하여 솜씨 있게 기록되었다. 다이스만은 신약성경의 "공동"서신-야고보서, 베드로전후서, 유다서-을 서신으로 분류했다. 그는 요한이삼서와 10개의 바울 편지들을 편지로 분류했다. 그는 아무런 이유도 말하지 않으면서 목회서신을 서신으로 분류했다(1901:54; 1910:238-39).

비록 다이스만의 견해가 초기 비판의 대상이 되었더라도, 사람들은 고대 편지를, 하이키 코스켄니미(Heikki Koskenniemi)의 영향력 있는 『주후 400년까지의 그리스 편지의 사상과 관용어법에 대한 연구』(*Studien zur Idee und Phraseologie des griechischen Briefes bis 400 n. Chr.*, 1956)가 출판될 때까지는, 그 당시의 서간 이론가의 통찰을 사용하여 연구하지는 않았다

---

2 이 두 저작은 현재 Hendrickson이 출판한 증쇄본에서 이용할 수 있다.
3 1910:246을 보라. "가장 초기의 창조적인 시기에는 기독교는 하류계층과 가장 밀접하게 결합되어 있었고, 권력과 문화를 소유하고 있는 작은 상류계층과는 아직 효과적인 관련을 갖지 못했다."

(특히 1956:18-63을 보라). 코스켄니미는 다이스만을 자극했던 바로 그 비문학적인 파피루스 편지들에 집중했다. 그는 편지의 세 가지 핵심 특성을 구별했고, 그것을 이론가들과 특히 팔레룸의 데메트리우스(Demetrius of Phalerum, 기원전 300년경)와 결부시켰다. 그의 것으로 여겨지는 논문집 『유형론』(On Style)에는 편지 저술에 대한 견해가 들어있다.

첫 번째 특성은 **필로프로네시스**(philophronesis)이다. 데메트리우스의 주장에 의하면, 편지는 우정의 표현이고 편지에는 다정한 칭찬이 들어있다. 저자는 고도의 수사학적 효과가 없는 문체를 채택하고, 회화와 대화의 감각을 유지한다.

두 번째 특성인 **파루시아**(parousia)는 저자의 인격과 성품을 투사하는 편지에 초점을 맞춘다. 편지는 저자를 현존하게 만든다. 비록 저자가 물리적으로는 부재하더라도 말이다. 편지에서는 개인적인 어조가 매우 중요하다.

세 번째 특성인 **호밀리아**(homilia)는 기록된 형태의 대화 내지 회화인 편지를 강조한다.[4] 코스켄니미의 주장에 의하면, 이론가들은 "진짜가 아닌" 서신과 "진짜" 편지를 구별하지 않았다. 저자는 맥락과 상황에 맞추기 위하여 그의 스타일을 변경했다. 좀 더 최근에 다른 학자들도 다이스만의 논지에 대해 언급했다(Doty 1969:183-99; Stowers 1986:17-26; Murphy-O'Conner 1995:42-45).

윌리암 도티(William Doty)는 그의 『원시 기독교의 편지』(Letters in Primitive Christianity, 1973)에서 바울이 그의 편지들을 그저 "단숨에 해

---

[4] Klaus Thraede는 그의 Grundzüge griechisch-römischer Brieftopik(1970)에서 Koskenniemi가 문학적 편지들에 대한 연구에서 비문학적 파피루스에 들어있는 편지들의 세 가지 특성을 밝혀낸 것을 칭찬한다.

치우지" 않았다고 주장한다. 오히려 그는 초기 기독교 운동의 공식적인 대표자인 사도로서 강한 자의식을 가지고 편지를 썼다. 그는 사람들이 그의 편지를 교회 모임에서 공적으로 읽을 것이라고 기대했다. 그 권면적이고 교훈적인 내용은 수신자들을 자신들이 받아들인 믿음 안에 안전하게 지키는 데에 중요했다. 바울은 권고하고, 격려하고, 꾸짖고, 충고하기 위하여 편지를 썼다. 다른 말로 표현하자면, 바울의 편지들은 "공적 의도"를 갖고 있고, 이것은 그것들을 "개인 편지보다는 공식적인 선언"에 더 가깝게 만든다(1973:26). 바울은 마치 자신이 현장에 있는 것처럼 편지를 쓴다. 편지는 그의 개인적인 현존을 대신한다.

2. 바울과 편지 장르

로버트 펑크(Robert W. Funk)의 에세이 "사도의 파루시아: 형태와 의의" (The Apostolic Parousia: Form and Significance, 1967:249-68)는 하이키 코스켄니미의 연구를 발판으로 삼는다. 그가 설득력 있게 주장하는 것은, 바울의 편지들은, 펑크 자신이 그의 회중과 함께 있는 그의 사도적 현존(파루시아)의 능력과 권위라고 규정하는 것을 표현하기 위하여, 사도가 채택한 세 가지 전략 중의 하나를 표현한다는 것이다(1967:249). 다른 두 가지는 그의 실제적인, 물리적인 현존과 사절의 사용이다.

그러므로 사도의 편지들은 사도가 그의 권위와 능력으로 실제로 현존하는 것을 대신하는 기능을 한다. 이 편지들은 바울이 자기가 돌보는 회중에게 갖고 있던 목회적 감독 의식을 보여주는 중요한 증거이다. 그가 그들과 떨어져 있고 사절을 보낼 수 없었을 때에, 그의 편지들은 그가 그들과 함께 있을 때에 시작한 "대화"를 생생하게 보존하고 그의 부재하는 동안에 우정의 관계를 증진시키는 수단으로 기능했다(1967:264). 거짓 교사들과 그리스도인 삶의 거짓 모델들이 몇몇 회중에서 그들의 현존을 부각시켰다는 사실은, 그의 사도적 현존의 매개체로서 편지를 쓰는 것이 훨씬 더 긴급했다는 것을 의미한다.

헬무트 쾨스터(Helmut Koester, 1979:33-44)는 바울 편지들이 초기 기독교 운동에서 새로운 현상을 보여준다고 주장한다. 최초로 기록된 편지인 데살로니가전서는 기독교 편지의 시작을 알려준다. 이와 같이 바울은 자신이 세운 교회들과 물리적으로 떨어져있는 동안에, 그것들을 조직하고 유지하려는 노력에서 자신을 위해 사용할 수 있는 강력한 무기를 만들어낸다(1979:33). 쾨스터의 주장에 의하면, 바울 편지들의 최초의 수집은 단지 그의 이름으로 기록된 편지들의 수집만이 아니라 다른 편지들(베드로전서, 클레멘트 1서, Ignatius, Dionysius of Corinth, Irenaeus, Cyprian의 편지들)의 저술도 야기했다. 쾨스터의 관찰에 의하면, 데살로니가전서의 형태와 내용이 전례가 없는 것은, 정교한 감사 단락, 긴 도덕적 권면과 종말론적 지시에서 볼 수 있다. 편지들은 저자와 수신자의 우정을 증진시키는 데에 기여한 반면에, 바울의 편지들은 그가 공포하는 "새로운 메시지의 종말론적 관점에서" 사도와 회중을 함께 묶는 매개물이 되었다(1979:37).

존 화이트(John L. White)도 이에 동의한다. 그에 의하면, 바울은 "편지를 기독교 내에서 권위 있는 형태의 소통으로서 대중화시킨" 최초의 사람이다(1983:435; 참조. 1984:1739). 또 화이트는 바울 편지가 이후의 바울 이후 편지들의 기초를 이룬다고 주장한다. 사도적 권위에 호소하는 패턴은 위-바울 편지들, 베드로전후서, 야고보서, 유다서도 공유하고 있다(요한이삼서와 "장로"의 권위를 참조하라).

내 연구에서, 나는 목회서신이 바울 편지 형태에 의존하는 것을 보여주려고 했다(Harding 1998:94-106). 이것은 특히 서두와 결미 문구에서 그렇다. 거기에는 이와 비슷한 환기가 수신 교회의 제의적 맥락에서 이미 형성된 자료(기도와 찬양)의 형태로 들어있다. 나는 이것이 목회자의 중요한 전략이었다고 믿는다. 그는 의도적으로 일반적인 형식과 서신적인 문구에서 바울의 것으로 인식될 수 있는 편지를 쓰려고 했다. 그의 이해에 의하면, 이 형태는 수신자들에게 사도의 가르침을 현실화해주기 위하여 가장 잘 고안된 것이었다.

3. 그리스-로마 세계의 도덕적 권면

아브라함 말허브(Abraham Malherbe)는 초기 교회의 도덕적 가르침과 헬레니즘 및 그리스-로마의 도덕 철학자들에게서 마주치는 도덕적 가르침 사이의 상당한 유사성에 주목했다(1992:267-70).[5] 도덕 철학의 전통은 기원전 5세기 말과 초기 헬레니즘 시대로 소급될 수 있다. 말허브의 관찰에 의하면, 이 시대 동안에는 이성이 도덕적 삶의 토대라고 주장되었다. 철학자들은 올바른 행실은 옳은 지식에 의존한다고 확신하면서, 점점 더 윤리학에 주목했다(1986b:11-12). 그리스-로마 시대의 많은 철학 강연은 윤리학에 초점을 맞췄다. 철학자들은 준비된 청중을 발견했고, 어떤 윤리적 주제에 대해 대중 연설을 해 달라는 초대를 받았다. 그

---

5 Malherbe는 그리스도인들의 윤리 체계는 철학자들에게서 유래했다는 Celsus의 언급(Origen, *Contra Celsum* 1.4[ANF 4.398]에 보전되어 있다)을 지적한다.

들은 자기 집에서 가르치거나 부유한 후원자의 후원을 받았다. 이렇게 해서, 철학적 윤리학은 많은 사회 계층으로 파급되었다. 이것은 윤리 이론의 요소들이 들어있는 잔존하는 편지, 풍자, 연설에서 입증될 수 있다(Stowers 1984:66; Malherbe 1986b:13).

루돌프 페췌라(Rudolf Vetschera, 1912)는 그리스-로마 세계의 도덕적 권면의 두 가지 일반적인 양식에 주목했다. 그가 **파레네시스**(*paraenesis*, 헬라어: 파라이네시스[*parainesis*])로 명명한 첫 번째 양식에서는, 저자는 수신자가 이미 선택한 윤리적 방향을 상기시켜줌으로써 그 헌신을 확인해주면서, 수신자에게 어떤 특정한 생활 방식을 추구하거나 피하라고 충고했다. 수사학적 장치가—가장 자주 사용되는 것은 긍정적이고 부정적인 예들을 인용하는 것이다—이 방향을 강화해준다.

다른 한편으로, 두 번째 양식인 **프로트렙시스**(*protrepsis*)는 수신자에게 그의 또는 그녀의 생활 방식을 바꾸라고 촉구하고 대개 철학적인 삶의 헌신을 추구하라고 촉구하는 권면이다.

거대한 양의 충고적인 논문이 남아있다. 하지만 많은 권면 문헌은 편지의 형태를 띤다. 이 형태의 잠재적인 친밀성 때문에, 이 형태는 윤리적 자세를 추구하고 확인하는 데에 적합하다. 학자들은 많은 철학자들이, 특히 로마 시대에, 편지들로 구성된 "책"을 쓰거나 추종자들이 스승의 유산이 보전되어 있는 편지들을 수집해서 출판했다는 것을 목격한다(Quinn 1990:7-8; Stirewalt 1993:15). 때로는 이 수집본을 보충하기 위하여 위명 편지들이 만들어지기도 했다(Stirewalt 1993:16-17).

스타이어월트(Stirewalt)의 관찰에 의하면, 위대한 철학자들(Plato, Aristotle, Epicurus 같은)과 연설가들(Isocrates, Demosthenes 같은)이 보여주는 편지에 대한 관심이 왜 서간 이론과 유형이 철학 및 수사학 학파들에 도

입되었는지를 설명해준다(1993:15-17).

  수사학 핸드북에는 단지 늦은 시기(기원후 4세기)의 편지 분석이 포함되어 있고, 그것도 단지 보충하는 방식으로 되어 있다. 철학자들과 수사학자들은 연설에서 단지 조금만 떨어져있는, 설득력 있는 담화의 매체인 편지에 관심이 있었다는 초기의 증거가 있다. 서간 핸드북은 저자가 적합한 문체와 더불어 올바른 범주를 선택하도록 안내하는 데에 상당한 관심을 드러낸다. 데메트리우스(Demetrius)의 것으로 여겨지는 핸드북(기원전 2세기-기원후 3세기)과 리바니우스(Libanius)의 것으로 여겨지는 핸드북(기원후 4-6세기)에는 각 편지 유형에 적합한 문체의 모델로서 편지들의 간략한 예들이 많이 들어있다.

  말허브의 주장에 의하면, 이 핸드북들은 전문적인 편지 저자를 훈련시키려는 의도로 작성되었다(1988:6-7).[6] 또 그는 편지 쓰기가 중등교육 단계와 고등교육 단계의 학교 훈련 과정의 일부였다는 것을 상기시켜준다. 초기의 중등교육과정에서 **문법**(*grammaticus*)은 편지 쓰기 연습을 시켰던 것으로 보인다. 말허브는 대부분의 파피루스 편지들이 이 수준의 교육을 받은 사람들에 의해서 기록되었다고 판단한다. 한 편지에 적합한 올바른 문체를 배우는 것은 나중에 교육과정으로 들어왔다. 연설가를 만들어내는 것이 임무인 **웅변가**에게 교육을 받게 되면, 학생은 일련의 예행연습의 일부로서 편지 쓰기를 요구받았다. 수사학 교육에서 이 단계에 있는 학생들의 이후의 임무 중의 하나는 **프로소포포에이아**(*prosopopoeia*, **의인법**)를 쓰는 것이었다. 그것의 목적은 "인품 묘사나 인격화"의 기술을 발전시키는 것이었다(Malherbe 1988:7; 1992:283; 참

---

6 Malherbe 책의 대부분은 잔존하는 서간 핸드북들과 고대 서간 이론가들의 본문과 번역으로 이루어져 있다.

조. Deissmann 1901:13; Thraede 1970: 23-24; Doty 1973:6-7; White 1986:189-90; Fiore 1986:108-10). 학생은 과거의 위대한 인물의 인품이나 인격을 서신의 형태로 표현하라는 요구를 받았다.

4. 목회적 돌봄의 철학적 전통

에드윈 저지(Edwin Judge)는 그의 논문 "성 바울과 고전 사회"(St. Paul and Classical Society, 1972:19-36)에서 바울, 그의 사회 상황, 그의 선교, 그의 공동체를 그리스-로마 용어로 설명하려는, 진행 중에 있는 시도에 대하여 언급한다. 그는 바울 공동체를 후대의 교회 발전이나 신비 제의에 견주어보면 안 된다고 주장한다. 오히려 저지는 바울이 "행위와 사상에 대하여 엄밀하게 이야기하고 논증하는 사회"에 속한다고 제안한다(1972:32). 이 이야기와 논증의 내용은 의식, 희생, 이미지에 초점을 맞추는 종교보다는 오히려 그리스-로마의 도덕 철학과 더 공통점이 많았을 것이다(참조. Barton and Horsley 1981:30, 39-40).

좀 더 이전에 1960년에 출판된 2부로 이루어진 논문에서(1960b:4-15, 125-37), 저지는 초기 기독교공동체의 동시대인들이 그 공동체를 스콜라철학의 공동체 유형으로 인식했을 것이라고 주장한다. 바울의 활동이 그들에게 주었을 인상 때문에, 그의 동시대인들은 그를 소피스트로 적합하게 분류했을 것이다. 그의 철학적 상대자들의 대부분과 마찬가지로, 저지의 관찰에 의하면, 바울도 도덕적 삶에 관심이 있었다. 이외에도 그들과 마찬가지로 그도 여행하고, 추종자들의 후원과 환대에 의지하고, 이야기와 설득에 능한 사람이고, 그의 선교에 헌신적이었고 비난을 참지 못했다.

스탠리 스토워스(Stanley Stowers)는 이 해석의 많은 부분을 확인해준다(1984:59-82). 그는 우리에게 바울이 그의 시대의 견유학파 같은 (대중이 상상하는) 길모퉁이의 설교자가 아니었다고 상기시켜준다(1984:60). 바울이 선교한, 가장 개연성 있는 물리적 및 사회적 환경은 부요한 후원자의 가정이었을 것이다. 이것은 그리스-로마 시대에 흔한 일이었다. 도덕 철학자들이나 교사들은 이렇게 합법성과 지위를 누렸다. 실제로, 철학 학파는 종종 가정에 자리를 잡았다. 스토워스의 관찰에 의하면, 에피쿠로스 그룹은 가정에 자리를 잡았다. 남자들, 여자들, 노예들은 친구들로서 에피쿠로스의 말을 회상하기 위하여 함께 모였다.

플루타르크는 그의 가정을 철학학파로 바꾸었다. 바울은 일반적으로 공공장소에서 사람들에게 말을 걸고 그들의 생활 방식과 도덕적 선택을 비난하는 견유학파의 치고 달리기 작전을 사용하지 않았다. 오히려, 바울은 공동체를 이루라고 설교했다. 바울과 공동체의 관계는 바울이 목회적 안내자의 역할을 유지한 편지들에 의해서 촉진되었다. 일부 견유학파는 일하면서 가르쳤다. 바울은 이 방식으로 선교하는 것에 반대하지 않은 것으로 보인다. 바울과 견유학파가 둘 다 메시지와 행실은 "일치하고 서로를 예시해야" 한다는 견해의 좋은 예라는 것이 스토워스에게는 중요하다(1984:80). 일상생활과 설교 활동 사이에는 연속성이 있었다. 이것이 목회자가 이 편지들에서 교회에서 공적 직분을 맡고 있는 사람들에게 심어주고자 하는 연속성의 종류이다.

아브라함 말허브(Abraham J. Malherbe)는 바울의 사역과 목회서신 저자의 의도를 평가할 때에 이 관찰을 발판으로 삼았다. 그의 『바울과 데살로니가인들: 목회적 돌봄의 철학적 전통』(*Paul and the Thessalonians: The*

Philosophic Tradition of Pastoral Care, 1987)과 논문집 「바울과 대중 철학자들」(*Paul and the Popular Philosophers*, 1989)에 수집되어 있는 많은 논문들에서, 말허브는 바울이 당시의 철학자들의 가르치는 방법에 완전히 익숙했다는 것을 입증한다.[7] 하지만 그는 바울이 우주론과 형이상학에 관심이 있는 "전문적인 철학자"는 아니었다고 덧붙인다(1989:68). 오히려 바울은 그 당시의 대부분의 철학자들과 마찬가지로 청중의 삶을 개혁하려고 했던 설교자였다.

바울은 기본적으로 목회적 돌봄의 기능을 담당했던 "유형의 헬레니즘 철학자"였다(1989:68). 그는 회중과 떨어져 있을 때에 그들과의 접촉을 유지하면서, 그리스-로마 철학의 도덕적 전통을 사용했다. 공동생활에 대한 관심에서, 바울은 그 시대의 에피쿠로스학파와 비슷하다. 그들도 공동생활에 초점을 맞추는 도덕적 권면에 관심이 있었다. 그는 데살로니가인들에게 자신을 거칠고 혹평하는 비판가로가 아니라, 수신자들에게 목회적으로 헌신하는 온화한 태도의 견유학파 같은 자로 제시했다(1989:47-48).

목회서신은 이 목회적 돌봄이라는 철학적 환경에 놓여있다(1989:121-36, 137-45). 말허브는 이 편지들에서 명백하게 나타나는, 의약과 수술에서 유래한 광범위한 이미지가 어떻게 당대의 철학적 담화로부터 가장

---

[7] 이 논문들은 "Paul: Hellenistic Philosopher or Christian Pastor"(Malherbe 1989:67-77), "'Gentle as a Nurse': The Cynic Background to 1 Thessalonians 2"(1989:35-48), "Medical Imagery in the Pastoral Epistles"(1989:121-36), "'In Season and Out of Season': 2 Timothy 4:2(1989:137-45)이다. 이것들은 원래 각각 *Anglican Theological Review* 68(1986), 3-13, *Novum Testamentum* 12(1970), 203-17, W. E. March(ed.), *Texts and Testaments: Critical Essays on the Bible and Early Christian Fathers*(San Antonio: Trinity University Press, 1980), 19-35, *Journal of Biblical Literature* 103(1984), 235-43에서 출간되었다.

잘 설명될 수 있는지를 보여준다. 철학자들도 사회적으로 책임감 있는 교사들의 건전한 가르침과 거짓 교사들을 구별하기 위하여 목회서신에 나타나는 질병과 건강의 언어를 사용했다.

루시안과 디오 크리소스톰이 보여주듯이, 특히 견유학파의 지독한 다양성이 이 방식으로 반박되었다. 목회자는 이 방식의 반론을 빈번하게 사용한다. 거짓 교사들의 병든 생각 및 동기와 대조적으로, 신실한 교사는 신자들의 도덕적 진보를 증진시키고 사회적 안정을 고양시키는 것을 가르칠 것이다. 그는 그의 돌봄을 받는 사람들을 언제 꾸짖고 언제 긍정해줘야 하는지를 안다. 디모데와 디도는 이 점에서 바울을 따라한다. 그럼에도 불구하고, 모순되게도 디모데후서 4:2은 디모데가 거짓 교사들을 책망할 적절한 때를 선택할 수 있는 능력을 전혀 함양하지 않고 그들에게 강경한 견유학파의 태도를 유지하는 것을 보여준다(1989:143). 말허브는 목회자에 의하면 적대자들은 개혁될 가능성도 없고 치료될 희망도 없다고 결론짓는다.

편지 쓰기에 대한 그의 가치 있는 연구에서, 스탠리 스토워스(1986)는 바울을 포함하여 초기 기독교 저술가들이 수신 회중의 인품을 형성하기 위하여 어떻게 편지를 사용했는지를 언급한다(1986:42-43). 위에서 우리는 편지가 저자의 인품을 투사하는 데에 특히 적합한 도구로 간주되었다는 것을 살펴보았다. 말허브의 논문 "유모 같이 온유한"(Gentle as a Nurse, 1989:35-48)에 빚진 것을 인정하면서, 스토워스는 바울과 다른 편지 저자들이 철학자와 그의 제자 사이에서 관찰되는 오래된 전통에 참여하고 있었다고 주장한다. 철학적인 삶에서, 철학자—심리치료사와 제자가 주고받는 편지는 지시와 권면의 주요 매개 수단이었다. 바울의 편지들이 가장 많은 부분을 차지하고 있는 신약성경의 편지들에서, 공동체의 인품을 형성하는 것은 그리스도 안에서 나타나는 하나님의 능력에 의해서 감독되는 것으로 간주된다. 그럼에도 불구하고 바울은 그의 편지들에서 심리치료사의 모습으로 나타난다. 그는 회상을 사용하여 권면하고, 교리문답 사역을 담당하고, 충고하고, 꾸짖고, 다툼을 해결한다. 말허브에 동의하여, 스토워스도 에피쿠로스학파가 바울과 그의 교회 사이의 문학적 관계를 특징짓는 편지 쓰기의 종류에, 즉 인품 형성 운동에 가장 가까운 유비를 제시하는 것을 발견한다.[8]

바울 이후 시대에 아마도 그의 일행이었던 바울의 추종자들은 역시 철학 그룹 사이에서 사용되는 또 다른 전통을 지속시켰다. 그것은 바로 도덕 권면을 주기 위하여 존경 받는 스승의 이름으로 위명 편지를 쓰는 것이었다. 스토워스의 주장에 의하면, 목회서신에서 바울은 "대담하지만 온유한 교사와 공동체 설립자의 모델"로 제시된다(1986:43). 다른 한편으로, 거짓 교사들은 비난한다. 바울과 대조적으로, 그들은 일련의 대조적이고 부정적인 충고의 모델이다. 또 이 편지들은 철학적 심리치료사인 바울의 전통을 지속시킨다. 목회자는 바울의 이름으로 신뢰 받는 동료들에게, 이전의 사절들에게 편지를 썼다(고전 4:16-17; 16:10-11; 살전 3:2; 빌 2:19-22[디모데]; 고후 8:6, 17, 23[디도]을 보라).

바울은 사도로서 동일한 의도를 가지고 편지를 썼다. 그는 그리스도인의 인품을 형성하려고 했고, 바울 이후의 수신 교회의 공동생활에 역동적인 핵심과 정체성을 영속시켜준 사도의 기탁물-바울의 유산-을 일관되게 방어하라고 요구했다.

---

[8] 바울 교회들과 철학 학파들의 관계에 대한 최근의 훌륭한 개관 연구를 위해서는 Ascough 1998:29-49를 보라.

5. 목회서신-도덕적 권면 편지

스토워스, 말허브, 저지의 주장에 의하면, 바울은 자신을 심리치료나 목회적 돌봄을 실행하는 유형의 도덕 철학자로 간주했고, 그의 동시대인들도 그를 그렇게 인식했다. 목회서신은 이 바울의 모습을 계속 유지하고 강화한다. 그의 유산을 보호하고 거짓 교사들을 무자비하게 반대하기 위하여 이전의 사절들에게 편지를 쓰고 있는 바울은 본받아야 할 본보기이고 건전한 가르침의 보증인이다. 말허브가 보여주었듯이, 이 편지들의 반론은 철학자들 사이에서 마주치는 반론을 상기시켜준다(1989:123-27; 참조. Karris 1971:1-44; 1972:549-64).

스토워스(1986:91-152)는 권면과 충고 편지라는 범주를 광범위하게 다룬다. 그는 이 범주가 신약성경에서 가장 빈번하게 마주치는 것이라고 생각한다(1986:96-97). 그는 목회서신이 이 범주의 편지들과 비교될 수 있다고 주장하며, 젊은 플리니가 막시무스에게 보낸 편지(*Epistles* viii.24)를 병행자료로 발탁한다(1986:103-4). 플리니의 후배인 막시무스는 막 아가야 지방의 총독직을 맡으려고 하고 있고, 이런 경우에 종종 권면적인 편지가 기록되었다. 디모데와 디도가 각자의 업무에서 인내하라는 권면을 받는 목회서신과의 유비가 분명하다.

벤자민 피오레(Benjamin Fiore)의 뛰어난 단행본 『소크라테스의 편지와 목회서신에 나타나는 개인 본보기의 기능』(*The Function of Personal Example in the Socratic and Pastoral Epistles*, 1986)은 이 두 편지 모음에 나오는 개인 본보기의 수사학적 사용을 문학적-비평적 방법으로 폭넓게 분석한 책이다. 먼저 그는 목회서신의 문학 형태와 장르를 가장 중요한 것으로 제대로 다루지 않는 접근방식들의 부적합성을 언급한다. 그는 이 편지들을 특히 서신들에서 예시되는 문학적 충고 담화라는 오래된 전통에 제대로 위치시킨다. 또 이 편지들은 비난, 교정, 충고, 또 올바른 지시와 가르침의 필요성에 대한 강조라는 특성을 보여주는데, 이것들은 권면 전통에서 특징적인 요소이다. 또 이 편지들의 충고적인 성격을 강조하면서, 피오레는 명령법 동사의 빈도, 미덕과 악덕 목록, 호격 표현, 감탄의 사용, 과장법, 격언을 언급한다. 이외에도, 수신자들은 상기의 방법을 통하여, 관습적인 지혜의 가치와 일치하는 권고를 받는다. 또 피오레는 각 편지의 느슨한 구조가 충고적인 담화와 비슷하다고 주장한다. 하지만 그는 대조적인 본보기를 제시할 때에 생겨나는 "정반대의 갈등"이 이 편지들에 어떤 전체적인 구조가 들어있는지를 제시해주는 것을 목격한다(1986:21).

피오레는 목회서신의 권면적인 성격의 문학적 선례를 헬레니즘 세계의 문학적 도덕 권면이라는 오래된 전통에서 찾는다. 이 전통은 또 다시 더 이전의 구전 담화와 수사학적 솜씨에 의존한다. 비록 그것들은 외관상 연설이더라도, 이소크라테스의 것으로 간주되는 논문들(즉 "To Demonicus"와 "To Nicocles")뿐만 아니라 플루타르크와 디오 크리소스톰의 왕권에 대한 논문들도 목회서신의 유형과 상황에 훌륭한 병행자료를 제공해준다(1986:78; 참조. Spicq 1969:1.38-39).

이 논문들의 주제와 여기서 사용되는 설득 장치는 그 시대의 편지들 속으로, 주로 세네카의 편지들과 위-소크라테스의 편지들 같은 철학자들의 편지들 속으로 들어갔다. 후자의 편지들은 초기 제국 시대부터 기록되었고, 견유학파 편지(Cynic Epistles) 모음에 보전되어 있다(1986:85). 이 모음은 본보기를 설득 기법으로 사용하는데, 목회서신이 본보기를 사용하는 것을 상기시키는 방식으로 사용한다. 또 이 모음은 다양한 편지 유형들로 이루어져서, 이 모음집의 수사학적 효과와 호소를 다양화한다. 두 개의 권면 편지(딤전과 딛)와 한 개의 편지 형태를 띠는 유언(딤후)으로 구성되어 있는 목회서신도 이 특성을 소규모로 공유한다.

또 소크라테스 편지들의 목적도 목회서신의 목적에 필적한다. 전자는 저자가 잘못된 형태의 주장에 직면하여 진정한 소크라테스 가르침이라고 이해하는 것을 보전하고 증진시키기 위하여 수사학에 능통한 방식으로 기록되었다(1986:194). 저자는 청중에게 이제는 소크라테스의 가르침과 생활 방식의 매개체로 보이는 "부드러운" 견유철학을 따르라고 촉구하려 한다.

이와 비슷한 방식으로, 목회서신은 청중에게 그의 도덕적 본보기를 따르라고 촉구하려는 목적으로 사도 바울의 덕목과 생활 방식을 현실화한다. 종종 이 편지들의 진정성 표시로 간주되는 인물들은 사도의 인품을 강조하고 또 거짓 교사들과의 대조를 강조하는 데에 기여한다. 인물들은 소크라테스 편지들에서도 이와 비슷한 의도를 가지고 나온다(1986:227-28). 거짓 교사들을 따르는 것은 잘못된 선택이다(1986:195-96; 참조. Karris 1972:563; Johnson 1978-79:1-26; Donelson 1986:92). 피오레는 거짓 교사들을 한 명의 건전한 교사를 돋보이게 하는 사람들로 이해한다. 피오레의 결론에 의하면, 이 편지들의 관심사는 그들을 세운 아버지의 원칙에 충실한 건전하고 책임감 있는 지도자들이 있는, 질서가 잘 잡힌 공동체를 세우는 것이다(1986:229).

6. 디모데후서와 유언 장르

벤자민 피오레는 목회서신이 사실은 두 개의 넓은 유형—즉 권면(딤전과 딛)과 유언(딤후)—의 편지들의 모음이라고 주장하는 최근의 많은 학자들 중의 한 명이다. 존 콜린스(John J. Collins)는 유언 장르를 "임박한 죽음을 예상하며 말한 담화"라고 규정한다(1984:325). 그의 관찰에 의하면, 이렇게 규정된 유언은 히브리어 성경, 초기 유대교 문헌, 그리스 철학 문헌에 들어있다.

콜린스의 생각으로는, 이 장르의 세 가지 결정적인 특징이 열두 족장 유언서(*Testaments of the Twelve Patriarchs*, *T12P*)에서 예시된다. 이 특징들은 다음과 같다.

① 유언자의 생애를 되돌아보는 역사적 회상
② 윤리적 권면
③ 미래에 대한 예언(1984:325)

비록 그 시대의 단지 소수의 작품만이 유언으로 제대로 분류되더라도, 유언적인 특성은 토빗서(14), 마카비 1서(2:49-70), 희년서(21, 36) 같은 다른 장르의 작품들에도 들어있는 것으로 발견된다. 신약성경에서는 요한복음 13-17장과 사도행전 20:18-35이 유언적인 부분이다.

엑카르트 폰 노르트하임(Eckhard von Nordheim)은 유언을 지혜 문학으로 분류한다(1980:1.229-42). 저자의 목표는 도덕적 권면이다. 그의 관찰에 의하면, 유대교 유언에서 권면은 보통 율법에 대한 충실을 가르치고 우상숭배와 성적 범죄의 위험을 지적하는 데에 사용된다. 유언자의 생애 회상과 미래 예언은 권면의 보조적인 매개체이다. 유언자는 강력한 도덕적 본보기의 기능을 갖고 있고, 그의 생애는 청중에게 긍정적이고 부정적인 본보기를 제공한다.

비록 클라우스 베르거(Klaus Berger)는 어쨌든 편지인 디모데후서의 도처에 유언 장르의 특징이 흩어져있다고 보더라도, 그의 장르 분석은 디모데후서의 연구에 중요한 측면을 강조한다(1984:75-80). 그는 유대교의 유언이 전통 개념과 밀접하게 결부되어 있고, 그 결과 유언자의 가르침과 도덕적 권면의 전달을 준비한다고 주장한다. 그는 (열두 족장 유언서에 들어있는) 시므온 유언서(*Testament of Simeon*)를 이 관점의 본보기로 제시한다. 이 족장은 자녀들에게 레위와 유다에게 순종하라고 권고한다. 왜냐하면 하나님이 그들에게서 각각 대제사장과 구원자 왕을 일으키실 것이기 때문이다(*T. Sim.* 7.2를 보라). 그는 "이 이유 때문에, 나는 이것들을 너희에게 명령하고, 너희는 너희 자녀들에게 명령한다. 그래서 그들이 이것들을 대대로 준수하도록"이라는 말을 덧붙인다(*T. Sim.* 7.3 [참조. *T. Levi* 10.1]).

여기서 "준수하다"로 번역된 헬라어 단어는 목회서신에서 바울 유산을 "보호하는 데"에 사용되는 단어이다. 마이클 볼터(Michael Wolter)도 디모데후서의 이 측면을 강조한다(1988:222-41). 디모데후서와 유언 장르의 관계에 대한 논의에서, 그는 이 편지들에서 사도의 사절들의 후계자들을 주의 깊게 선택함으로써 바울 전통을 보전해야 하는 것이 얼마나 중요한지를 관찰한다(딤후 2:2을 보라).

나는 디모데후서가 형태상으로는 비록 편지이지만, 내용상으로는 본질적으로 유언이라는 것을 입증하려고 했다(Harding 1998:150-53). 그의 임박한 죽음을 고려하여, 바울은 "아버지"로서 그의 "아들" 디모데에게 작별 인사를 한다. 그는 그에게 맡겨진, 또 이 세 편지들의 모음이 언급하는 유산을 보호해야 하는 책임을 그에게 상기시킨다. 영적 감독 같이, 바울은 디모데에게 부름 받은 사역에서 인내하라고 권고한다. 바울은 끝까지 완주한, 복음 사역에 확고부동하게 헌신한 신실한 증인을 도덕적 모범으로 제시한다. 바울은 거짓 교사들이 올 것이고(3:1-9) 많은 사람들이 떨어져나갈 것이라고(1:15; 2:17-18; 4:10) 예고한다. 그와 상반되게, 디모데는 자신이 배운 것 안에서 인내해야 한다. 이와 같이 목회자는 "마지막 말"로 허용된 이 명령을 세 편지 모두가 증언하는 사도의 권위 및 설득력 있는 역동성과 결부시키면서, 도덕적 권면이라는 강력한 전략을 구사한다.

세안 찰스 마틴(Seán Charles Martin, 1997)도 목회자가 목회서신 중에서 가장 늦게 기록된 디모데후서를 작성할 때에 유언 형식을 사용했다고 주장한다. 목회자는 바울을 모세의 용어로 묘사한다.[9] 이 단행본의 대부분은 신명기 31-34장과 초기 유대교-특히 필로(*Life of Moses*, 2.288-92), 요세푸스(*Antiquities*, 4.177-93, 312-14, 320-31), 위-필로(*Biblical Antiquities*, 19.1-16), 모세 유언서(*Testament of Moses*)-에 나오는 모세의 마지막 말을 고찰하는 데에 몰두한다.

마틴의 관찰에 의하면, 신명기 31-34장은 유대교 전통에서 뒤따라 나오는 모든 고별 담화의 기초를 이룬다. 말하자면, 목회자는 바울을 죽

---

9 Martin은 이 묘사가 비록 의도적이더라도 명백하게라기보다는 암묵적으로 표현된다고 주장한다. Martin의 주장에 의하면, (1) 바울은 예언자로, 정말로 모세와 같은 예언자로 묘사된다. (2) 모세의 경우에서처럼, 바울이 그의 적법한 상속자들로 임명한 후계자들도 예언 능력을 받았다. (3) 바울의 역할은 입법자의 역할과 비슷하다. 그의 후계자들은 바울이 명령하는 모든 것을 실행하라는 요구를 받는다. (4) 모세처럼, 바울도 고난 받는 중보자이다. 또 바울의 적대자들도 모세의 대적들에 관한 전통을 상기시키는 방식으로 묘사된다.

은 자들에게서 다시 데려와서, 그로 하여금 권위의 위기에 직면해 있는 또 다른 세대에게 말하게 한다(1997:15). 사도적 증인들은 죽었다. 교회들은, 특히 목회서신을 수신하는 교회들은, 사도 바울의 적법한 후계자들을 식별하는 문제를 갖고 있는 것으로 묘사된다. 목회자는 바울의 유산을 보호하고 신자들 앞에 (또 하나의 모세인) 바울의 권위를 제시하려고 이 편지들을 썼다. 신실한 사역자인 그가 죽음의 순간에 바라는 것이 유언적인 편지인 디모데후서에 기록되어 있다.

바울은 아주 특별한 모세의 모습으로 제시된다는 마틴의 주장이 어떤 점에서는 억지스러워 보이더라도, 그가 바울의 유언인 디모데후서의 수사학적 능력을 제대로 식별해낸다는 데에는 의심의 여지가 없다. 바울을 이제 곧 죽게 될, 굽히지 않는, 신실한 사역자로 제시하는 것의 감정적인 능력에 관하여는, 수사학적 담화의 근본 원리에 호소하는 마틴이 확실히 옳다. 유언으로서 이 편지는, 디모데전서 및 디도서와 함께 고려할 때에, 이 세 편지 모두에 들어있는 교회 생활의 규정과 비전에 "거의 깨뜨릴 수 없는" 권위를 부여한다.

제롬 퀸(Jerome Quinn)도 이에 동의한다. 그의 논문 "권면과 목회서신"(Parenesis and the Pastoral Epistles, 1981:495-501)에서 디모데후서를 유언으로 규정할 때에, 즉 사도가 그의 "적법한 아이"에게 하는 마지막 말로 규정할 때에, 그는 디모데후서와 목회서신 전체의 능력을 제대로 포착한다. 그의 주장에 의하면, 그럼으로써 디모데후서의 권면은 "반박할 수 없는, 부정할 수 없는 성격"을 부여받는다. 이것은 어떤 반박도 인정하지 않을 것이다(1981:499).

7. 결론

목회서신을 목회자의 메시지의 문학적 구체화를 진지하게 다루는 방식으로 조사하는 것은 이 편지들을 초기 기독교의 문서로 이해하는 데에 필수적이다. 이 과업은 이 편지들의 사상 세계와 사회적 맥락에 대한 조사가 그만큼 중요하다. 이 편지들은 자신이 세운 교회를 돌보는 바울의 목회적 인도라는 중요한 측면을 일깨워주었다. 즉 편지 장르라는 매개물을 통하여 중재된 그의 사도적 현존이다. 또 우리는 목회서신이 (바울서신의 다른 편지들과 더불어) 어떻게 철학자들과 그들의 학생들 및 제자들이 시행한 목회적 돌봄이라는 전통에 속하는지도 살펴보았다. 이 편지들은 도덕적 권면 편지 쓰기라는 전통에 속하는 것으로 보인다. 또 강력한 도덕적 본보기로서의 바울의 기능도 강조되었다.

이미 이 장에서 예고한대로, 다음 장에서는 이 편지들의 수사학에 초점을 맞춘다. 도덕적 권면은 효력을 발휘하기 위하여 설득 전략에 의존한다. 비록 편지 쓰기가 우리에게는 익숙한, 심지어 형식적인 것일지라도, 목회자에게는 이것이 그가 사용하는 설득 전략 중에서 가장 기본적이고 기초적인 것이었다. 그가 바울의 이름으로 편지를 써야 했다는 것은, 그가 기억 속의 존경 받는 바울을 현실화하려고 노력하고 있었다는 것을 의미한다.

바울은 그의 사도적 임무의 연장으로 편지를 기록했었다. 바울의 이름으로 편지를 씀으로써, 그는 청자들을 궁극적인 구원의 중요성과 관련시키고 또 그들에게서 바울 유산에 관한 그의 비전에 대한 동의를 이끌어내려는 의도를 보여준다.

What Are They Saying About the Pastoral Epistles?

제5장

목회서신과 고전 수사학

1. 서론

구두 언어가 고전 그리스와 그리스-로마 세계의 공공 생활을 지배했다. 잘 말할 수 있는 것은, 정확하게 말하자면, 설득력 있게 말할 수 있는 것은 정치적 및 사법적 생활에서 핵심적인 것이었다. 가능한 최상의 교육은 연설의 기술과 솜씨를 가르쳐줌으로써 젊은이를 공공 영역의 생활을 위해 준비시켜주는 웅변가(rhetor)에 의해서 이루어졌다. 기원전 4세기부터 후기 로마 시대까지 출간된 수사학 핸드북들과 이론적인 글들은 천년 내내 지속된 구어적인, 공공적인 담화 매체에 대한 관심과 수사학적 이론의 표준화를 보여주는 설득력 있는 증거이다.

조지 케네디(George Kennedy)는 신약성경을 고전 및 그리스-로마의 수사학 이론과 실제의 관점으로 분석하는 것의 열매를 입증하기 위하여, 다른 어떤 현대 학자보다도 더 많은 일을 했다. 1960년대 이후로 그는 고전 시대에서 신약성경과 초기 교회 시대를 거쳐 현대에 이르는 수사학 전통 연구에 매진한 다수의 단행본을 출판했다. 케네디는 그 중의 한 책을 "고전 수사학은 신약성경의 저자들이 그 아래서 작업한 제약들 중의 하나였다"는 관찰로 끝맺는다(1984:160). 이것을 의식하지 않고 신약성경을 읽는 것은 해석상 명료함의 결핍을 초래하고 영속화하는 것이다. 케네디의 작업은 신약성경의 수사학적 측면에 초점을 맞추는 책들과 논문들이 점점 더 많이 출판되게 하는 촉매제였다는 것이 증명되었다. 비록 바울이 표면상으로는 수사학적 솜씨를 피한다고 언급하더라도(고전 2:1-5; 고후 11:6을 보라), 그는 사도가 법률가, 철학자, 편지 저자가 사용하던 수사학적 관습에 익숙했었다고 주장한다(1999:149). 목회서신은 수사학적 비평가의 분석에 별로 노출되지 않았다. 그럼에도 불구하고, 우리는 이 장에서 몇몇 중요한 연구를 살펴볼 것이다.

편지는 연설이 아니다. 연설은 상당한 구조를 갖고 있고, 문체상으로 화려했다. 이론적으로는, 연설은 기존 패턴을 따라 만들 수 있었다. 그러나 권면적 편지는 충고를 목표로 삼았고, 편지는 연설가들이 사용하던 논증 기술의 사용을 초래할 정도로 구두 담화에 상당히 가까웠다. 이 기술은 공개적으로 전시되었고, 종종 모방되거나 풍자되었다. 플라톤, 이소크라테스, 에피쿠로스 같은 철학자들과 웅변가들이 이 기술을 사용했기 때문에, 편지는 연설가 양성을 목표로 하는 교육과정의 일부가 되었다(Stirewalt 1993:15-17).

하지만 우리가 앞 장에서 보았듯이, 편지 쓰기를 다루는 잔존하는 최초의 수사학 핸드북은 율리우스 빅터(Julius Victor, 기원후 4세기)의 것이었다. 그 이유는, 편지는 연설에 적합한, 상당히 양식화되고 창의적인 기술을 사용하지 않았기 때문이다. 하지만 학자들은 수사학 기술이 편지라는 문학적 매개물의 요구와 상당히 비슷해서, 그 기술은 이 매개물에 속하게 되었다는 것을 제대로 인식한다.[1] 또 수사학에 대한 많은 이론적 논의는 설득 기술 자체에 관심이 있고, 설득하려는 의도를 갖고 있는 어떤 매개물에도 적용할 수 있다(참조. Young 1992:115).

2. 수사학의 "종류"

수사학 이론가들은 수사학의 세 범주 또는 "종류"에 대해 이야기한다. 각 범주는 하나의 수사학적 상황과 일치한다.

변증적(apologetic, 때로는 *forensic*이나 *judicial*로 불린다) 연설은 법정에서 의뢰인을 방어하거나 피의자를 고소하는 데에 적합했다.

심의적(deliberative) 연설은 고려중인 행동과 관련하여 공공 모임에서 권고하거나 만류하는 데에 사용하기 위하여 작성되었다.

장례, 승리, 기념 축제 같은 공적인 경우에 적합한 수사학의 종류는 과시적(epideictic) 연설이라고 일컬어졌다. 이것은 전시의 연설이다. 화자는 칭찬하거나 비난하려고 한다(Burgess 1902:82-253을 보라).

추천되는 연설 배열은 비슷하다. 연설자는 **프로에미움**(*proemium*, 서두)이나 **엑소르디움**(*exordium*, 도입)에서는 청중의 주목을 사로잡고, **나라티오**(*narratio*, 과정 묘사)에서는 사건에 대한 진술을 제공하고, **콘피르마티오**(*confirmatio*, 강화)에서는 증거를 제공하고 예기되는 반대에 대처하고, **콘클루시오**(*conclusio*, 결미)나 **페로라티오**(*peroratio*, 마무리)에

---

[1] White 1983:435-36을 보라. 또 Aune 1987:160과 Murphy-O'Connor 1995:65를 보라. 연설에 요구되는 좀 더 화려하고 장식적인 문체와는 다르게, 편지에 적합한 "평범한" 문체에 대한 논의를 위해서는 Demetrius, *On Style*, 223-35를 보라. 본문은 Malherbe 1988:16-19에 들어있다.

서는 주장을 요약한다.

스탠리 스토워스(Stanley Stowers)는 수사학 이론과 편지 쓰기의 상호 연결에 대해 언급한다(1986:51-56). 그는 수사학의 세 종류에 상응하는 편지 유형들이 있다고 주장한다. 비록 일부는 손쉬운 구분을 거부하더라도 말이다(1986:51). 사법적 연설이 있었던 것과 똑같이, 사법적 편지도 있었다. 이 유비는 칭찬과 비난의 편지에 뿐만 아니라 심의적 편지에도 해당된다. 그럼에도 불구하고, 스토워스는 이 상응이 단지 부분적으로만 작동한다는 것을 인정한다. 편지는 수사학 이론 속으로 통합되지 않았고, 서간 이론가들에게서 마주치는 많은 유형은 권면 내지 권고 양식이다. 이것들은 "단지 부분적으로만 수사학 이론과 관련되어" 있고, 오히려 도덕 철학의 영역에 속해 있었다(1986:52).

중요하게도, 스토워스는 수사학 이론과 실제가 고전 시대와 그리스-로마 시대에 만연하던 문화 가치를 반영했다고 암시한다. 주로 명예와 수치에 관심을 갖고 있는 이 가치가 연설과 편지 둘 다에서 말로 표현되고, 세련된 공공 담화와 소통의 모든 영역에서 대화자들이 사용하는 논증 전략을 결정한다(1986:25-31).

제롬 머피-오코너(Jerome Murphy-O'Connor, 1995:65-86)는 이 입장에 동의한다. 그는 편지가 연설의 대용물이라고 말한다. 존 화이트(John White) 및 다른 학자들과 더불어, 그는 수사학 기술이 편지 쓰기에 영향을 주었다는 데에 동의한다. 머피-오코너는 수사학 핸드북에 나오는 이론은 실제와 결코 정확하게 일치하지 않는다고, 또 혼합된 수사학 종류들이 하나의 연설에서 발견될 수 있다고 강조한다. 많은 바울 편지들은 종류에 따라 구분될 수 있는 반면에, 목회서신은 연설로 간주될 수 없다. 왜냐하면 이것들은 "형태상으로 개인들에게 이야기하기" 때문이다. 그래서 이것들은 수사학적 분류를 비켜간다(1995:71). 또 그는 일부 학자들이 본문을 도식적인 족쇄 속으로 무지막지하게 밀어 넣는 것을 발견하고는, 하나의 수사학적 도식을 택하여 편지 또는 편지의 부분에 적용하는 위험에 대해 경고한다.

딘 앤더슨(R. Dean Anderson, Jr., 1996)도 비슷한 경고를 한다. 편지는 강제적으로 세 수사학 종류 중의 하나로 구분될 수 없다(1996:109). 그의 주장에 의하면, 그런 시도는 헛된 것이다. 앤더슨은 구어의 영역에서 나온 수사학 장르를 편지에 적용하는 것이 적법하냐고 질문한다. 그럼에도 불구하고, 그는 수사학적 방법과 논증이 바울에게 "좀 더 일반적으로" 영향을 주었을 것이라고 인정한다(1996:109). 나는 이 말에 동의하지 않을 학자는 거의 없을 것이라고 생각한다.[2]

나는 목회서신에서 수사학적 도식의 증거를 찾는 것은 잘못된 방향으로 가는 것이라고 생각한다. 하지만 논증적이고 설득적인 의도와 관련하여, 이 편지들을 수사학적 전통과 결부시킬 충분한 이유가 있다. 문화 가치를 공적으로 표현하고 확인하는 뛰어난 매개체인 연설이 널리 퍼져있었다는 것은, 그리스-로마 세계에서는 (편지 쓰기를 포함하여) 어떤 세련된 담화도 그것의 영향에서 동떨어져 있을 수 없었다는 것을 의미한다. 자신은 "수사학 훈련을 받지 않았다"는 부인에도 불구하고(고후 11:6), 바울은 고린도후서 11:22-33에서 그것을 패러디할 정도로 수사학적 관습에 충분히 익숙했다.[3]

---

[2] 이 측면에서, Porter and Olbricht가 편집한 *Rhetoric and the New Testament*(1993)에 들어있는 두 논문이 읽을 가치가 있다. Porter의 "Rhetorical Categories in Pauline Literature"(100-22)와 Jeffrey T. Reed의 "Using Ancient Rhetorical Categories to Interpret Paul's Letters: A Question of Genre"(292-324)이다.

[3] Judge 1968:37-50; Forbes 1986:1-30; Harding 1986:73-82를 보라.

실제로, 학자들은 바울서신에서 수사학적 기술이 상당히 사용되는 것을 발견했다. 바울이 그의 편지들에서 연설 구성 관습을 사용하고 있다는 것을 보여주려는 시도는 좀 더 논란이 된다. 내 책에서 나는 목회서신이, 선임자가 후임자에게 주는 충고의 형태로 도덕적 권면을 담고 있는 편지들로서, 일반적인 의미에서 수사학의 심의적 종류와 결합될 수 있다는 것을 보여주려고 시도했다. 아리스토텔레스는 윤리와 수사학을 결부시킨다.[4]

또 목회서신은 바울을 칭찬하고 거짓 교사들을 비난한다는 점에서, 분위기상으로 과시적이기도 하다. 이것이 의미하는 것은, 우리는 저자가 메시지를 연설의 설득 전략을 재현하는 방식으로 제시할 것이라고 기대할 수 있다는 것이다. 특정 수사학 종류라고 밝혀줄 수 있는 수사학적 도식은 없을 수도 있지만, 학자들은 목회서신이 수사학 핸드북이 추천하고 고전 시대와 그리스-로마 시대의 연설이 보여주는 설득 전략에 상당한 빚을 지고 있다는 것을 제대로 탐지해낸다.

3. 논증 전략

최근에 학자들은 신약성경의 설득적 논증이 종종 조지 케네디(George Kennedy)가 "예술적인 증거"의 세 가지 양식이라고 규정하는 것에 따라 구성된다는 것을 관찰했다(Kennedy 1984:14-16). 일반적으로, 이성(*logos*)에 호소하는 주장이 있고, 또는 화자의 신뢰할 수 있는 인품(*ethos*)에 기

---

[4] *Art of Rhetoric*, I.iv.5. "수사학은 분석 과학과 윤리학에 관심이 있는 정치 과학의 지류로 구성된다"(Freese, LCL의 번역이다).

초를 두는 주장이 있고, 또는 청중의 감정(*pathos*)에 호소하는 주장이 있다. 목회서신의 논증 전략을 조사하는 학자들에 대한 아래의 개관은 목회자의 "증거" 사용을 강조한다.

1) 생략 추리법과 모범에 대한 루이스 도넬슨의 견해

많은 학자들이 목회서신 신학을 상당히 부정적으로 또 심지어 무시하면서 읽는 것과 대조적으로, 루이스 도넬슨(Lewis Donelson 1986)은 학자들이 최근에 이 편지들에서 바울이나 바울 전통에 의존하지 않고 목회자의 독창성을 보여주는 독특한 신학 체계의 증거를 탐지해냈다는 것을 발견한다. 하지만 이 학자들은 이 편지들을 구성하는 다양한 자료의 배후에 일관성 있는 논증 전략이 있을 가능성에 대해서는 조사하지 않았다. 심지어 목회서신의 진정성을 옹호하는 학자들도 이 편지들에 들어있는 다양한 종류의 자료를 따로따로 검토했다. 도넬슨은 이 세 편지들의 다양한 자료 전부와 저자가 사용하는 논증 형태를 "하나의 해석학적 관점 속으로" 통합하려는 야심찬 과제에 착수한다(1986:2).

목회서신에는, 한 주제에서 다음 주제로 이어지는 논리적인 이동은 없더라도, 그것들의 논증 전략을 이해할 수 있는 체계적인 방법이 있다. 도넬슨은 목회자가 언급하는 각 주제 속에 "논리적인 상호의존을 만들어낸다"고 주장한다(1986:3). 저자는 아리스토텔레스가 논의한, 일반적으로 추천되는 두 가지 주장 양식을 사용한다. 바로 삼단논법으로 구성된 수사학적 연역법(enthymenes, 생략 추리법)과 귀납적이고 설명적인 모범(paradigms)이다. 그의 『수사학 기술』(*Art of Rhetoric*)에서 아리스토텔레스는 명백한 것을 진술하는 것은 설득력이 없다고 주장하면서, 삼단논법의 요소들 중의 하나를 감추는 생략 추리법을 사용하라고 권했다. 청중이 그 주장을 완성한다. 도넬슨은 목회자가 이 편지들에서 이 전략을 사용하는 것을 감지한다. 예를 들어, 디모데후서 3:17에는 성경의 교육적 가치에 관한 생략 추리법이 들어있다. 그의 분석에 의하면, 소전제는 "성경은 선행을 위해 사람을 무장시킨다"이고, 결론은 "그러므로 성경을 연구하라"이다. 대전제-"하나님의 사람은 선행을 해야 한다"-는 감춰져 있다(1986:74).

목회자는 그의 연역적인 주장을 그의 신념 체계와 일치하게 구성한다. 이렇게 구상된 주장의 설득력은 단지 저자의 전제를 공유하는 사람들 가운데서만 효과가 있을 것이다. 도넬슨은 목회자가 그의 생략 추리법을 구원 진술, 그리스도인의 삶의 성격, "맡겨진 전통"이라는 세 영역에서 가져온다고 주장한다. 저자는 지금 거짓 교사들의 공격을 받고 있는 저자와 수신자들의 교회 비전을 보호하기 위하여, 청중의 전제를 반복적으로 확인하고 강조하는 방식으로 저술한다. 사실상, 저자는 무엇이 구원으로 이어지고 무엇이 그렇지 않은지에 대한 주장을 하고 있다(1986:81). 도넬슨은 그가 이것을 수사학적으로 세련된 방식으로 한다는 것을 보여준다.

또 목회자는 모범을 효과적으로 사용한다. 예를 들어, 그는 바울을 기독교 지도자의 원형과 기독교 덕목의 전형으로 제시한다. 다른 한편으로, 적대자들은 기독교 삶의 "상반되는 원칙"을 보여준다(1986:92). 두 상반되는 생활방식이 서로 대조된다. 거짓 교사들이 보여주는 생활방식은 심판과 종말론적 저주로 이어진다. 바울, 디모데, 디도, 그들의 뒤를 잇는 교사들은 그리스도 안에서 처음으로 활기를 띠게 된 구원 계획의 중재자이다. 바울이 디모데와 디도에게 전해주고 이들이 신실한 사람들에게 전달해준 맡겨진 전통과 일치하는 삶이 (세례 받을 때에 수여된 성령의 능력으로) 영원한 생명으로 이어지는 생활방식이다. 적합하게 행동하는 교회 지도자들은 도넬슨의 말로 표현하자면, "저자의 시대에 구원을 실현하는 데에 필수적인 요소"가 된다(1986:138).

이와 같이 목회서신은 단지 다양하고 선택적인 자료들로만 이루어져 있는 것이 아니라, 주제들의 상이성과 다양성이 본질적인 설득 수단으로 인식되는 에픽테투스와 다른 윤리학자들의 디아트리베적 교훈 방법과 비슷하다(1986:111). 이외에도,—이것이 이 편지들을 이해하는 데에 도넬슨이 기여한 주요 공헌인데—저자는 생략 추리법이 신학적 주장과 윤리적 결론을 연결하고 또 모범이 대조적인 윤리적 생활방식을 강하게 제시하는 매개물인 논증 전략과 결부되어 있는 일관성 있는 신학을 갖고 있다. 우리가 제1장에서 살펴보았듯이, 제임스 밀러(James Miller)는 그의 『합성 문서인 목회서신』(*The Pastoral Letters as Composite Documents*, 1997)에서 가장 최근에 이와 상반되는 견해를 옹호한 사람이다.

밀러는 도넬슨을 단지 추가 부분으로만 다루며, 그의 평가를 부록의 몇 페이지에 한정시킨다(1997:159-67). 그는 "구조적으로 함께 속해있는 작은 문장 그룹들"의 조직에 대한 도넬슨의 논지의 힘은 인정하지만(1997:167), 이 책의 전반적인 요지에는 설득되지 않은 채로 남아있다. 목회서신에는 진짜 바울 파편들이 들어있다는 밀러의 주장을 고려하면, 도넬슨이 목회서신을 위명적인 것으로 추정하는 것은 도리에 맞지 않는 것으로 보인다. 그럼에도 불구하고, 나는 도넬슨이 끊임없이 목회자를 단순한 편집자로 제시하고 이 편지들을 다양한 자료의 잡동사니로 제시한 학계의 전통에 특히 효과적인 반격을 가했다고 생각한다.

2) 도덕적 본보기(moral example)

바울과 적대자들의 인품에 근거하여 전개하는 주장은 목회자가 사용하는 효과적인 수사학적 전략이다. 몇몇 학자들이 이 주장의 힘을 부각시키려고 했다. 우리가 앞 장에서 살펴보았듯이, 벤자민 피오레(Benjamin Fiore, 1986)는 이 편지들에 나오는 도덕적 본보기-긍정적인 것과 부정적인 것 둘 다-의 사용을 유용하게 분석했다. 도덕 철학자들과 수사학자들은 이것의 수사학적 힘을 인정한다.

피오레의 주장에 의하면, 디모데후서 4:6-22과 디도서 3:12-15의 인물들은 바울을 이기심이 없고 자아 희생적인 목회자의 모델로 제시한다. 그의 삶과 죽음은 하나님이 그를 불러 시키신 사역에서 만족하고 인내하는 것으로 점철된다. 고난과 유기의 한복판에서, 그는 감옥이라는 전도할 수 없는 상황에서도 그의 사도적 임무를 충실하게 지속한다. 이와 같이 목회자는 청중에게, 특히 지도자들에게 모방할 본보기를 제시한다.

존 피츠제랄드(John T. Fitzgerald, 1988)는 고린도전서 4:9-13, 고린도후서 4:8-9; 6:4-10의 고난 목록에 대한 연구에서 이것을 한 걸음 더 밀고 나간다. 피츠제랄드의 주장에 의하면, 이 목록은 그리스-로마 철학 문서에 나오는 비슷한 표현을 본 딴 것이다. 거기서 현자의 고난은 "그를 사람으로 찬미하고, 그를 미덕의 삶을 열망하는 사람들에게 신뢰할 수 있는 안내자로 세우는" 데에 기여한다(1988:203). 바울은 의도적으로 자신을 현자-이성과 미덕의 화신-로 그린다. 이와 같이 이 목록은 "인품에 대한 리트머스 테스트(litmus test)"의 기능을 갖는다. 이것은 "참된 철학자와 거짓 철학자를 구별하기" 위한 수사학적 장치이다(1988:203, 206;

참조. Epictetus, *Discourses* 2.19-24). 피츠제랄드가 몇몇 각주에서 인정하듯이, 그의 결론은 목회서신에 나타나는 바울의 모습에 적용될 수 있다 (1988:47 n. 4; 167 n. 141).

나는 목회자가 바울을 묘사할 때에 훌륭한 현자-소크라테스가 가장 먼저 떠오른다-의 개념을 재현한다고 생각한다. 사도는 자기의 보상은 하늘에 있고 자기는 하나님이 맡겨주신 경주를 완주했다고 확신하면서, 다가오는 죽음을 괴로워하지도 않고 위협하지도 않으면서 평온하게 맞이한다.

3) 논쟁(polemic)

도넬슨과 피오레가 주장했듯이, 목회자는 효과적으로 주장하기 위하여 바울과 거짓 교사들이라는 상반적인 모범을 사용한다. 이 주장의 설득력은 청중이 그들의 사도인 바울에게 얼마나 충실했느냐에 달려 있다. 거짓 교사들에 대한 일관된 논쟁은 최근에 다수의 학자들의 주목을 끌었다. 1971년의 하버드 박사 논문과 뒤이은 논문(1972:549-64)에서 로버트 카리스(Robert J. Karris)는 목회자가 철학자들이 소피스트들에게 사용한 비난 기술에 상당한 빚을 지고 있다고 말한다. 이것은 그들의 욕심과 속임, 자신들이 설파하는 것을 실행하지 않는 것, 그들의 궤변 탐닉, 그들이 여자를 타락시키기를 좋아하는 것에 대한 곧 알아볼 수 있을 만큼 평범한 비난으로 이루어진다(참조. Dibelius-Conzelmann 1972:21; Karris 1971:1-44). 이 모든 것이 거짓 교사들을 공격하는 목회자의 논쟁에 들어있다.

하지만 카리스의 관찰에 의하면, 거짓 교사들에게 가해진 일부 비난은 충분히 비전통적이어서, 이것이 그들의 정체성에 대하여 어떤 통찰을 제공해준다. 결과적으로, 그는 그들의 가르침의 유대적 경향을 확인하고, 그들은 음식 및 결혼과 관련하여 금욕주의를 가르쳤다고 주장한다. 부활이 이미 일어났다는 그들의 가르침도 독특하다(딤후 2:17-18을 보라). 또 거짓 교사들은 여자 및 노예와 관련하여 해방론적 이상을 조장했다는 것도 분명하다(딤전 2:11-15; 6:3을 보라; 참조. Karris 1972:552-55).

이 관점에서 그리고 하와는 에덴 동산에서 뱀에게 성적인 유혹을 받았다는 초기 유대교와 기독교의 사색을 고려하면, 남자를 가르치는 여자에 대하여 디모데전서 2:11-15에서 제시되는 비난보다 더 강력한 비난을 상상하기는 어렵다.[5] 목회자는 여자가 본래 필수적인 자기 통제와 자기 극기를 결여하고 있다고 주장한다. 남자만이 그럴 능력을 갖고 있다. 복종적인 아이 엄마가 되는 것이 여자에게 적합한 신분이다. 이것이 구원의 약속을 제공한다.

논쟁은 수사학적 목적에 기여한다. 카리스는 저자가 그의 가르침을 유일한 참된 철학으로 간주한다고 주장한다. 적대자들의 가르침은 거짓이다. 거짓 교사들에 대한 논쟁은 그들의 바울 전통 해석에 반감을 불러일으킨다(1972:563). 다른 한편으로, 목회서신의 미덕 목록(딤전 3:2-3, 8; 딛 1:7-8; 3:1-2)도 거짓 교사들을 바울 전통의 참된 수호자들 및 "맡겨진 것"의 보호자들과 대조한다. 그들의 삶의 본보기가 그들의 가르침의 참됨을 정당화해줄 것이다. 신자들이 자신들의 삶을 목회서신의 가르

---

[5] 이 전통을 위해서는 4 *Maccabees* 18:7-9(기원후 1세기 중반); *Apocalypse of Abraham* 23:1-5(기원후 100년경); 2 *Enoch* 31:6(기원후 100년경), 그리고 후대에 그리스도인이 저술한 *Protoevangelium of James* 13:1을 보라. 고후 11:3을 참조하라. 배경에 대한 논의를 위해서는, 예를 들어, Hanson 1968:64-77을 보고, Stowers 1994:49-53, 93-95의 관련 논의도 보라.

침과 일치시키는 한, 그들은 자신들의 인품과 도덕적 고결이 완전히, 공개적으로 정당화되는 것을 발견하게 될 것이다.

루크 티모디 존슨(Luke Timothy Johnson, 1978-79:1-26)은 카리스의 결론에 그의 지지를 덧붙인다. 목회자는 전통적인 비난을 사용하여 적대자들의 방법과 파괴적인 가르침을 기록하면서, 그들에 대한 깊은 반감을 만들어내려고 한다. 이와 반대로, 그는 바울과 그의 가르침에 헌신적인 목회자들을 칭찬한다. 그는 믿음 및 구원하는 진리와 일치하는 삶과 속임 및 종말론적 파멸과 일치하는 삶의 경계를 표시하기 위하여, 이 둘을 극명하게 대조하면서, 그의 문학적 과업의 시작에서 앞으로 나아간다.

4) 파토스(pathos)

청중의 감정에 호소하려고 고안된 주장은 신약성경에서, 특히 목회서신에서, 그중에서도 디모데후서에서 빈번하게 마주친다. 우리가 앞장에서 살펴보았듯이, 디모데후서는 유언적인 특징을 언급한다. 종종 관찰되었듯이, 이 편지는 바울의 마지막 말을 담고 있다. 거짓 동역자들은 그를 저버렸다. 그는 물리적인 위험 가운데 있다. 그는 날마다 죽음에 직면한다. 그는 명백히 선한 사람이고, 임박한 죽음을 괴로워하지 않고 평온하게 맞이하는 현자이다. 그런 환경에서 사도의 가치와 인품은 청명하게 빛난다. 그의 고난은 구원으로 인도하는 삶을 살아야 하는 그의 임무에 대한 궁극적인 지지이자 그 임무의 기반이다.

우리가 앞장의 끝부분에서 살펴보았듯이, 세안 마틴(Seán Martin, 1997)과 제롬 퀸(Jerome Quinn, 1981:495-501)은 목회자가 디모데후서의 메시지를 표현하기 위하여 유언을 선택한 것이 세 편지 전체의 메시지에 강력한 수사학적 영향을 준다고 주장한다. 바울은 확실하게, 최종적으로, 취소할 수 없게 이야기한다. 그의 임무나 그의 비전에 대한 어떤 반박도 인정될 수 없다.

4. 목회자와 청중

아리스토텔레스는 그의 『수사학 기술』(Art of Rhetoric)에서 설득력 있는 화자는 단지 특정 유형의 사람으로 나타나야 할 뿐만 아니라, 또한 청중을 그의 주장에 호의적으로 반응하는 마음가짐으로 이끌어야 한다고 주장한다. 좋은 의지와 관계를 형성하지 못하면, 연설의 의도를 달성하지 못하게 될 것이다. 아리스토텔레스는 그의 책 2.2-11에서 연설가가 연설해야 하는 다양한 종류의 청중과 연설의 시작에서부터 결론에 이르기까지 그 선의를 좀 더 효과적으로 만들어내기 위하여 각 경우에 채택하라고 추천하는 적절한 성향에 대해 상세하게 분석하기 시작한다.

내 책에서 나는 목회자가 "상호 신뢰와 공동의 기질"을 만들어내면서, 조지 케어드(George B. Caird)의 말을 사용하자면, "일관성 있게" 저술했다는 것을 보여주려고 했다(1980:32). 케어드의 관찰에 의하면, 성경 저자들은 관계를 형성하기 위하여 잡담을 뛰어넘어, 예배 언어뿐만 아니라 공동의 전통과 공동으로 존중하는 다른 권위에도 호소한다. 이 일에서 위명 저자인 목회자는, 거짓말하고 속이는 바울 유산 보관자들의 잠식에 대항하여 이 유산을 해석할 때에, 이 유산을 확인하고 위탁하려는 더 큰 목적에 기여하기 위하여 상당한 주의를 기울일 필요가 있었다. 선의의 성향을 만들어내면, 그의 긴급한 메시지가 바울의 메시지로 수용되는 데에 도움이 된다.

나는 목회자가 네 종류의 자료를 사용하여 선의를 획득한다고 주장했다(Harding 1998:192-93).

첫째, 디모데전서와 디도서에 흩어져있는 "신실한 말"은 권위 있는 견해, 즉 바울 유산의 일부이다. 청중은 그것을 알고 존중한다. 목회자는 자신이 말하는 윤리적 가르침을 확인해주기 위하여 이것을 사용한다.

둘째, 목회자와 청중은 동일한 도덕적 이상과 사회적 관습에 대한 헌신을 공유한다. 이것은 이 편지들 도처에서 표현된다. 이견의 여지가 있는 곳에서는, 그는 그 이슈를 해결하기 위하여 바울이라는 최상의 권위에 호소한다.

셋째, 바울 편지의 문학적 관습이 목회서신에서 재생되었다. 이 편지들의 인사 문구, 인물들, 사도적 파루시아에 대한 환기, 사도적 목회적 돌봄의 흔적은 모두 이 편지들이 바울의 교신이라고 추천한다.

넷째, 목회자는 아마도 청중이 알고 있던 예식 및 찬양 자료를 인용한다.

5. 결론

목회서신은 연설이 아니다. 이것들은 도덕적 권면 편지라는 큰 범주에 부합되는 편지이다. 하지만 이것들을 수사학 이론을 고려하여 조사해 보니까, 목회자가 그 시대의 핸드북에서 추천하고 잔존하는 연설에서 입증되는 설득 기술을 사용하는 것이 드러났다. 나를 포함하여 다수의 학자들은, 그 시대의 수사학적 관습으로 평가하면, 목회자는 세련되고 설득력 있게 저술했고, 그래서 청중에 대한 호소력을 끌어올렸다고 결론지었다.

루이스 도넬슨은 목회자가 최초의 위대한 수사학 이론 주창자인 아리스토텔레스가 추천하는 수사학적 주장 방법에 빚을 지고 있다는 것을 다른 어떤 현대 학자보다도 더 잘 보여주었다. 그렇게 함으로써, 도넬슨은 목회자를 신학자로 연구하고 그의 편지들을 바울 유산의 일관성 있는 현실화로 연구하는 데에 새로운 통찰을 주었다. 또 저자가 긍정적이고 부정적인 본보기들을 사용하는 것도 수사학적 관점에서 평가할 수 있다. 칭찬과 비난의 수사학과 똑같이, 목회자는 한편으로는 고난 받는 훌륭한 사도의 강력한 이미지를 만들어내고, 다른 한편으로는 거짓 교사들의 극심한 기만과 사악의 강력한 이미지를 만들어낸다.

바울은 모든 신실한 사역자들의 모범이고, 종말론적 지복으로 이어지는 거룩한 삶의 모범이다. 거짓 교사들은 종말론적 재앙으로 이어지는 왜곡된 바울 유산을 갖고 있다. 바울의 이름으로, 목회자는 자신의 교회생활 비전에 대해 청중의 무조건적인 지지를 얻으려고 한다. 목회자는 청중이 자신이 이 편지들에서 표현하는 바울이라는 인물을 인정하고 그에게 동의할 때에야, 이 지지가 뒤따르게 될 것을 알고 있다. 청중과 (조만간) 초기 교회가 이 편지들을 바울의 것으로 수용하게 되었다는 것이, 목회자가 청중이 그의 바울 유산 표현에 동의하는 데에 필수적인 관계를 형성하는 데에 성공했다는 증거이다. 이 동의가 없었다면, 목회서신은 후대의 사람들에게 정경의 가치가 없는 의심스러운 위조문서로 전달되었을 것이다(Donelson 1986:55; 참조. Harding 1998:230-35).

제6장

목회서신의 오늘날의 의미

1. 서론

앞의 장들은 목회서신에 대한 학문적 논의를 자극하는 데에 아무것도 부족하지 않다는 것을 보여주었다. 목회서신은 신약성경의 언어, 바울 편지들의 계기, 바울신학의 본질적인 관심사, 바울의 최초 해석자들이 바울 유산을 표현하는 방식 등에 관심이 있는 학자들에게 주목을 받았다. 역사가들에게는, 이 편지들은 그 본문 배후에 있는 파악하기 힘든 사회적 세계에 대한 통찰을 암시해준다.

신약성경의 편지 장르에 관심이 있는 학자들은 목회서신이 기독교의 도덕적 권면 전통의 발전에서 중요한 증인인 것을 발견했다. 고전 및 그리스-로마 수사학 연구는 목회자가 최대한의 설득 효과를 얻기 위해 이 편지들을 작성한 방식을 보여주기 시작했다. 하지만 지금까지 우리는 이 편지들이 오늘날에 갖는 의의와 관련된 이슈는 단지 간헐적으로만 다루었다. 다음의 개관은 이 편지들에 대한 최근의 연구를 광범위하게 대표하는 많은 학자들의 견해를 살펴본다.

2. 안토니 핸슨

제1장에서 살펴보았듯이, 많은 학자들은 사실상 이 편지들을 바울에게서 멀어진 통탄스러운 "타락"으로 일축해버린다. 이 견해에 의하면, 이 편지들은 그리스-로마 도시 세계의 문화적으로 독특한 가치에 대한 수용과 순응의 분위기를 증언한다. 안토니 핸슨(Anthony T. Hanson)은 "목회서신의 의의"(The Significance of the Pastoral Epistles, 1968:110-20)에서 이와 비슷한 관점을 옹호한다. 그는 이 논문의 요지를 그의 1982년의 주석서에서 간략하게 재개한다(1982:48-51). 그는 목회자가 "거의 모든 측면에서 바울에게 크게 미치지 못한다"고 결론짓는다(1982:50).

그렇지만 만약 교회가 임명적인 사역, 윤리의 규정적인 "율법주의," 권위적인 교회 통치 방법, 고정된 예배 형태로 나아가지 않았다면, 어떻게 생존했을지 알기 어렵다고 그는 주장한다(1968:116). 만약 저자가 원시 영지주의 교사들로부터 교회를 방어하지 않았다면, 그들의 영향은 한두 세기 안에 "치명적인" 것으로 드러났을 것이다.

실제로, 모든 사람들을 위한 하나님의 우주적인 사랑을 강조함으로써 목회자는 유대인과 이방인의 관계에 집착했던 바울을 넘어선다. 목회서신은 "용기와 성과"를 가지고 문제들을 다루려는 2세기 초의 시도로 간주될 수 있다(1982:51). 하지만 이것들의 오늘날의 의의는 제한적인 것으로 나타난다. 특히 만약 이것들이 실제로 어떤 것인가 때문이 아니라, 스스로 어떤 것이라고 주장하는 것 때문에 존중되고 있다면 말이다.

3. 필립 타우너

필립 타우너(Philip Towner)는 『우리의 지시의 목표』(*The Goal of Our Instruction*, 1989:256-57)의 결론에서 이 편지들의 권면에 대한 그의 연구의 함축과 의의를 숙고한다. 갈라디아서 3:28에서 영감을 받은 거짓 교사들의 해방론적 가르침을 따르던 여자들과 노예들에 주는 권면은 (1989:248) 오늘날의 전도와 사회적 행동에 대하여 중요한 이슈를 제기한다. 사회 제도는 존중되어야 한다. 비록 그것이 자유를 향한 움직임을 당분간 축소시키는 것을 의미하더라도 말이다. 이것은 전도의 전망을 높이기 위한 것이다. 규칙을 따르지 않는 혁명적인 행위는 단지 이 과업을 망칠 뿐이다.

목회서신의 그리스-로마 맥락에서는 핵심적인 사회 제도인 가정이 선교의 매개체가 된다. 교회는 사회의 길을 따라서, 가능한 한 사회의 관습과 규칙과 "그런 변화에 대처하는 능력"을 따라서 움직여야 한다 (1989:256). 이것은 경건한 생활에 대한 이 편지들의 가르침을 상기시킨다. 타우너는 독자들에게 전도와 "행위의 타당성"이 불가분리적으로 연결되어 있다는 것을 상기시켜준다.

오늘날의 교회에서 여자들의 역할과 관련하여, 타우너는 "이 문제의 해결"은 교회가 "주류 사회"의 주변 구조와 어떻게 관련되어 있느냐는 "더 광범위한 질문"과 결합되어 있다고 주장한다(1989:257). 신약성경을 보면, 바울과 그의 것으로 간주되는 저작들에서도, 초기 교회는 "때 이른[강조체는 저자의 것이다] 자유 표현을 위하여" 선교를 희생시키려 하지 않았다는 것이 분명하다(1989:257). 그렇지만 교회는 구원 실현에서 사람들의 문화적 성향이 자유를 방해하도록 내버려둘 마음이 없음을 보여주었다. 타우너의 암시에 의하면, 이 전망은 갈라디아서 3:28과 일치하게, 문화적, 성별적, 또는 인종적 이유에 기초한 차별을 영속화하는 모든 것을 제거하는 것과 분명히 관련되어 있다. 이 둘 사이에서 균형을 잡아야 하고, 이것은 오늘날의 교회에게 도전으로 남아있다. 교회는 주변 문화에 "양념을 치는" 업무에 열중하고(1989:220), 이 방식으로 갈라디아서 3:28의 비전이 지지하는 프로그램 실현을 가능하게 하는 분위기를 만들어낸다. 그러나 교회가 저 원칙을 "법제화"하는 것은 사회의 준비 여하에 달려있다(1989:221).

따라서 여자들과 관련해서는, 목회서신의 권면은 바울의 원칙과 모순되지 않는다. 오히려 신자들은 복음의 진전을 위하여 사회 동향을 정확하게 파악하면서, 사회의 제도에 참여하여야 한다(1989:221). 타우너는 이것이 "그 가르침의 유일하게 우주적인 측면"이라고 주장한다.

1) 목회서신과 여성

필립 타우너의 책은 바로 1989년에 출판되었다. 현대 서구 사회는 갈라디아서 3:28에 들어있는 평등의 원칙에 오랫동안 찬성해왔다. 비록 아직도 할 일이 많이 남아있더라도 말이다. 많은 교회들은, 타우너의 용어를 사용하자면, "양념"이 되기를 싫어한다. 반면에 "주류" 사회들은 성별 및 인종적 차별을 제거하고 성적 평등과 평등한 고용 기회를 보장하는 법률을 제정한다. 따라서 역설적이게도, 디모데전서 2:9-15 같은 단락들이 제기하는 장벽을 제거하고 여자들에게 교회 지도력에 대한 동등한 접근과 책임감 있는 참여를 허락할 준비가 되어 있지 않은 것은 오히려 -갈라디아서 3:28에 들어있는 도덕적 비전의 수호자라는- 교회이다.

마가레트 데이비스(Margaret Davies)는 자신의 목회서신 주석서(1996a)에서 논란이 되는 단락인 디모데전서 2:9-15과 이 단락이 창세기 2장의 창조 이야기에 나오는 남자의 우월성에 호소하는 것에 대한 논의를 마치면서, 여자들을 교회 내에서 가르치는 역할에서 제외하라는 이유는 설득력이 없다고 말한다(참조. 1996b:86-87). 그녀의 말에 의하면, 그 이유는 "정밀한 조사를 견뎌내지" 못한다(1996a:19). 목회자는 갈라디아서 3:28에 표현되어 있는, 그녀가 대항문화적인 "새로운 기독교 윤리"라고 명명하는 것에 대한 반응으로, 그리고 바울이 로마서 16장, 고린도전서 7장과 11장, 빌립보서 4:2-3에서 지지하고 장려하는 것에 대한 반응으로 이 주장을 한다. 결국, 디모데전서는 남자 신자들에게는 허락하는 "책임적인 역할"을 여자들에게는 허락하지 않고, 다른 곳에서 하나님의 자비와 은혜의 효력에 대해 주장하는 것을 제한한다(1996a:20). 이렇게 해서, 교회는 공적 가르침과 다른 공적 역할에서 여자들의 가치 있는 봉사를 박탈당했다.

우리가 이 금지 명령을 받아들일 수 없다는 것을 인식하는 것은 쉬운 반면에, 데이비스는 독자들에게 우리가 우리 문화의 전제를 인식하는 것은 종종 어렵다는 것을 상기시킨다. 그녀는 성차별, 인종차별, 계급차별이 우리 사회에 여전히 존재한다고 주장한다. 이와 상반되게, 디모데전서는 하나님과 모든 인류 사이의 중재자인 그리스도를 제시하고, 신자들에게 모두를 위해 기도하라고 촉구하고, 은혜가 우리를 변화시킬 수 있다고 주장한다. 디모데전서 2:8-3:1a에 대한 주이트 바슬러(Jouette Bassler)의 분석도 이와 비슷한 인식을 드러낸다. 즉 오늘날에는 교회에서의 여자들의 역할에 대한 목회자의 금지 명령을 받아들일 수 없다는 것이다(1996:63). 저자는 성경 이야기의 창의적인 주석가이지만(바슬러는 목회자가 창세기 2장의 창조 이야기를 사용하는 것을 염두에 두고 있다), 그가 제시한 결론은 "가장 심각한 해석학적 도전"을 제기한다(1996:63).

이 결론은 『교회의 여자들: 디모데전서 2:9-15에 대한 새로운 분석』(*Women in the Church: A Fresh Analysis of 1 Timothy 2:9-15*)이라는 제목이 붙여진 에세이 선집의 편집자들과 기고자들로부터 아무런 동의도 받지 못했다. 편집자들은 에필로그(1995:209-11)에서 모든 기고자들을 대표하여 성경의 독점적인 권위를 주장한다. 그들의 책에 의해서 대표되는 이 과업은 과거에 문화적인 편견 때문에 "여자들에 대한 특정 견해"가 변호되었다는 신념에 의해서 촉발되었다(1995:209).

그래서 모든 기고자들은 디모데전서 2:9-15이 교회에서 "역할 차별"을 계속 유지하는 것을 정당화하는지 살펴보기 위하여 성경의 근거를 분석했다. 그들은 되풀이하여 그렇다고 대답한다. 바울의 주장은 "우주적인 규범"에 기초한다(1995:210). 그는 이것을 에베소의 특별한 상황에 적용했다. 여자들의 사역에 대한 그의 제한은 문화적인 조건에 기인한 것이 아니었다. 오히려, 그의 가르침은 피조 질서에 뿌리를 두고 있다. 현대의 맥락에서도 어떤 여자도 설교단에서 "성도들의 무리에게" 하나님의 말씀을 선포하면 안 된다. 선교 현장에서, 주일학교에서(몇몇 남학생들은 남자가 되어가고 있을 수도 있다), 또는 신학교에서의 여자들의 교육 활동과 같은 더 논의할 여지가 있는 중간지대도 있다.

그렇지만 확실한 것은, 교회는 주변 세계로부터 지시를 받고 그것의 압력에 굴복하면 안 된다는 것이다. 따라서 편집자들은 "양념이 된" 사회가 교회로 하여금 갈라디아서 3:28에서 제시된 프로그램—목회자는 이것을 사회가 준비될 때까지 보류한다—을 "재현하도록" 격려할 것이라는 타우너의 소망에 대하여 도전적인 태도를 취한다.

2) 레이몬드 브라운

레이몬드 브라운(Raymond E, Brown)의 "목회서신에 나타나는 바울 유산: 교회 구조의 중요성"(The Pauline Heritage in the Pastorals: The Importance of Church Structure, 1984:31-46)은 우리가 사도 이후 시대에 이루어진 교회 구조의 발전을 이해하는 데에 이 편지들이 기여하는 공헌을 강조한다. 장로-감독들은 공식적인 교사로 간주된다. 그들은 어떤 새로운 가르침도 거부하고, 맡겨진 믿음을 보호하고 주입한다. 그들이 적합한 자격을 갖춘 남자 집주인 계층에서 선발되어야 한다는 것은, 공동체를 보호하고 안정시키는 기능을 강조한다.

브라운은 그들이 이 기능을 제공한다고 본다. 그의 주장에 의하면, 목회자는 교회의 분열을 야기할 잠재력을 갖고 있는 세력에 직면하여 공동체의 구조를 세우려고 애쓰고 있다. 역사적인 바울을 그렇게 역동적인 순회 선교사로 만든 은사적인 재능은 교회에서 안정과 조화를 증진시킬 좀 더 "평범한" 자질에게 희생당한다.

이 편지들의 지도자 자격은 영원히 유효한가?

브라운은 아니라고 대답한다. 그 자격은 특수한 문화 맥락에서 공적으로 존경받을 만한 것과 관계가 있고, 시간이 흐르면서 "변할 수 있고 변해야 한다"(1984:36). 또 목회서신을 "초기 가톨릭주의"의 문서로 간주하는 많은 (주로 루터교) 학자들이 그러는 것처럼, 우리는 제도화 과정에 대한 이 편지들의 증언을 애석해하지 말아야 한다. 브라운은 만약 교회가 하나의 사회라면, 규정은 "피할 수 없는 사회학적 발전"이라고 주장한다(1984:37).

브라운은 이 편지들이 교회 구조를 강조하는 데서 세 가지 강점과 약점을 구분한다.

첫 번째는 사도가 맡겨놓은 것을 지키는 지정된 보호자인 지도자의 역할과 관계가 있다. 여기서 브라운은 다양한 형태의 교회 통제의 "조상"을 발견한다. 정통은 이것을 사용하여 혁신으로부터 자신을 보호한다. 그렇지만 목회자가 원시 영지주의와의 투쟁에서 전개하는 전략은 정확하게 이레니우스(180년경)가 그의 『이단에 대항하여』(*Adversus haereses*, ANF 1.315-567)에서 영지주의를 반대할 때에 사용한 전략이다. 그도 사도 시대와 현재 인정받은 교회 담당자들 사이의 연결에 호소하면서, "유서 깊은 전통"을 고집한다.

브라운의 주장에 의하면, 교리적인 위기의 시기에는 신뢰할 수 있는 말씀(딛 1:9)을 굳게 붙잡는 것이 가장 중요한 무기이다. 혼란에 직면해서는 통제가 필요하다. 하지만 이 접근방식의 약점은, 공식적인 가르침이 생활 방식이 된다는 것이다. 맥락이 없이 읽으면, 목회서신은 "우주적이고 무조건적인 규정"이 모든 혁신적인 사고에 영향을 미치도록 허용하는 것으로 보인다(1984:39). 통제를 늦추는 것이 정당화되는 시기가 있다. 브라운은 예수의 정신이 억압되지 않도록, 탐구하는 것이 필요하다고 강조한다. 때로는 아무 생각도 없는 것이 새로운 생각이 야기하는 위험보다 더 큰 위험이다. 브라운의 주장에 의하면, 각 세대는 "자신의 시대에 자신의 독특한 그리스도 경험을 통하여 자신에게 맡겨진 것에 첨부해야 한다"(1984:40).

두 번째는 교회 질서에 대한 목회서신의 개념 및 그것의 지속적인 유효성에 대한 질문과 관계가 있다. 교회가 혁신자 또는 탁월하지만 혼란을 야기하는 지도자를 필요로 할 때가 있다. 하지만 교회는 종종 그런 백성을 다루기 위하여 브라운이 "가야바 원리"(요 11:50을 보라)라고 부르는 것에 호소했다(1984:42). 과거를 유지하는 데에 몰두하는 "아주 신중한 지도자"는 역동적인 선교를 잘 감당할 수 없을 것이다.

세 번째는 브라운은 이 편지들에서 가르치는 자와 배우는 자의 구분에 주의를 기울인다. 목회서신은 공식적인 그룹에 소속되지 않은 다른 교사들을 비난한다. 브라운의 관찰에 의하면, 불행하게도 이 편지들은 진짜 교사들과 가짜 교사들이라는 이원론적 모습을 보여준다. 하지만 교회 생활은 "거의 이원론적이지" 않다(1984:43). 때때로 건설적인 교사들이 맡겨진 믿음에 대해 의문을 갖는다. 갈릴레오가 그런 교사의 예이다.

디모데후서 3:6-7은 "의지가 약하다"고 무시 받고 거짓 교사들에게 쉬운 먹잇감인 여자들을 골라낸다. 비록 여기에 모든 여자들이 포함되지 않더라도, 이 금지 명령은 품위를 손상시킨다(1984:94).

디모데전서 2:12에서 공적인 가르침에서 모든 여자들을 제외시키는 것이 실제적인 결과이다. 브라운의 주장에 의하면, 몇몇 평신도들은 일단 믿음 안에서 교육을 받기만 하면 심지어 장로-감독까지도 잘 가르칠 수 있다. 디모데후서 3:1-9 같은 단락으로부터 신자들을 차단하는 것은 잘못된 것이다. 그들이 듣지 않는 한, 똑똑한 평신도들은 "성경 내용에 나오는 인간 조건을 인식하도록 인도하는 건설적인 질문"을 할 기회를

절대로 갖지 못할 것이다(1984:44).⁶

끝으로, 브라운은 자신의 책의 결론에서(1984:146-50) 목회서신을 포함하여 사도 이후의 유산은 신약성경의 다양성을 증언한다는 것을 독자들에게 상기시켜준다. 일부 학자들은 만약 하나님이 성경의 저자시라면, 하나님이 영감을 주신 것은 조화롭고 똑같아야 한다고 가르치는 영감 교리에 근거하여, 이것을 거부한다. 문자적으로 이해된 성경의 주장은 일관성이 있고 영원히 유효해야만 한다. 다른 학자들은 만약 예수가 교회를 계획했다면, 사도들은 단순히 예수가 그들에게 행하라고 가르치고 명령한 것을 실제로 실행했을 뿐이라는 것에 근거하여 거부한다.

4. 위르겐 롤로프

위르겐 롤로프(Jürgen Roloff)는 목회서신의 의의를 자료모음집으로 언급하는 개관으로 디모데전서 주석서를 끝맺는다(1988:376-90). 롤로프의 주장에 의하면, 이 편지들은 바울 교회의 신자들에게 사도의 권위를 신장시키고 그의 메시지를 명료하게 해석하는 방식으로 이야기하려고

---

6 Pontifical Biblical Commission 1993:113을 참조하라. "하나님의 말씀은 인간 저자들의 저작에서 표현된다. 그 사상과 단어들은 동시에 하나님과 사람들 양쪽에 속한다. 전체 성경이 동시에 하나님에게서와 영감 받은 인간 저자에게서 나오는 방식으로 말이다. 하지만 이것이 의미하는 것은, 하나님이 그 메시지의 역사적 조건에 절대적인 가치를 부여하셨다는 것이 아니다"(참조. 1993:132-33). 또 골로새서의 가족 규례에 대한 Crouch의 연구의 적절한 결론인 "에필로그"도 보라(*Haustafel* 1972:152-61). "원래의 상황에서 유래하고 그와 동시에 역사적으로 제약받는 권면 형태를 초월하는 **가족 규례**의 진리는, 믿음의 남자[**원문대로**]는 자신의 유한성을 인정하고 사회 질서 내에서 '주어진' 삶을 인정해야 한다는 요구에 들어있다"(1972:158).

한다. 그렇지만 이 편지들은 유일한 사도이고 믿음의 보증인인 바울에게만 전적으로 초점을 맞추는 반면에, 목회자는 세상에서의 교회의 존재를 강화하고 촉진하기 위하여 바울의 이름으로 다양한, 거의 "가톨릭적"인, 일련의 신학 전통을 이야기한다(1988:382).

롤로프의 관찰에 의하면, 교회와 사회의 관계와 관련하여 목회서신은 그와 동시대에 소아시아의 바울 공동체에 유포되었던 요한계시록의 입장과 정반대의 입장을 취한다. 이것이 이 편지들에 나오는 하나님의 보편적인 구원 의도(딤전 2:4-6; 딛 2:11), 그리스도 "출현"의 보편적인 교육 효과(딛 2:11-14), 창조에 대한 긍정적인 견해(딤전 4:3-4), 그리스도인의 삶과 사회의 윤리 이상은 공명한다는 확신에 대한 강조를 설명하는 데에 도움이 된다(1988:383). 이외에도, 롤로프는 목회서신이 역사적인 바울을 해석하는 필터를 제공해주는 데에 영향력을 발휘했다고 주장한다. 이런 방식으로 보면, 바울의 강렬한 종말론적 기대와 윤리적 엄격은 약해지고 희미해져서, 결국에는 교회가 수세기에 걸쳐서 좀 더 편하게 함께 살아온 바울이 된다(1988:386).

롤로프는 이 편지들이 가톨릭과 프로테스탄트(*Evangelische*) 신학 전통의 학자들에게서 다양한 반응을 야기했다고 말한다. 후자의 전통의 학자들은 논란이 되지 않는 편지들의 바울과 목회서신의 바울 사이의 대조를 강조했다. 가톨릭 전통의 학자들은 목회자가 모나고 까다로운 바울을 주류 속으로 끌어들인 사실을 칭찬했다.

롤로프는 이 두 접근방식이 개별적으로는 목회서신을 공평하게 다루지 못한다고 주장한다. 프로테스탄트 학자들은 목회자가 변동과 위기의 시기에 교회에 큰 봉사를 했다는 통찰을 인정할 수 있어야 한다. 목회서신은 교회의 정체성, 교회의 조직, 교회와 더 넓은 사회와의 관계에 대한 질문에 대답하려고 애쓴다. 롤로프의 관찰에 의하면, 오늘날의 교회 상황도 여러 가지 측면에서 이와 유사하다.

다른 한편으로, 현대 서구 사회의 다원성과 윤리 규범의 부식은 이상가로 하여금 그리스도인의 삶이 주류 문화의 이상을 완전히 나타낼 수 있다는 희망을 갖게 만든 것으로 보인다(1988:389). 이 이유 때문에, 우리는 목회서신의 도덕적 비전과 교회와 사회 윤리의 공존 가능성에 대한 생각보다는 요한계시록에 담겨있는 사회적 소외와 더 많은 것을 공유하고 있다고 느끼는 것 같다.

따라서 그의 주장에 의하면, 신약성경의 복음을 해석하는 현대의 해석자들은 목회서신과 요한계시록의 사회 관계 모델을 숙고한 후에, 교회로 하여금 메시지의 온전성을 배반하지 않으면서 동시에 계속 사회와 관계할 수 있게 해주는 길을 모색할 필요가 있다. 복음은 언제나 현 시대의 관심사를 이야기한다는 확신이, 목회서신이 이 긴급한 도전에 주는 중요하고도 독특한 공헌이다.

5. 크리스티아안 베커

크리스티아안 베커(J. Christiaan Beker)는 그의 『바울의 상속자들』(*Heirs of Paul*, 1991:36-47, 83-86, 105-8)에서, 목회서신의 오늘날의 의의에 대한 그의 연구는 신약성경에 들어있는 바울 이후의 유산에 대한 그의 논의의 필수적인 부분이다. 바울 이후의 저작들은 바울 시대의 특수성이 더 이상 해당되지 않는다는 인식 하에 바울의 메시지를 개작하려는 최초의 시도이다. 바울 교회의 새로운 상황은 베커가 바울 메시지의 "문자적 치환"(1991:43)이라고 부르는 것을-마치 후대의 맥락도 어쨌든 똑같거나 후대의 맥락은 중요하지 않다는 듯이-요구한 것이 아니라, 바울 복음의 재해석을 요구했다.

목회자가 공동체의 우발적인 사태에 대해 열심히 이야기하고 있다는 것은 의심의 여지가 없다. 하지만 그는 거짓 교사들을 다룸으로써 그렇게 하는 것이 아니라, 이제는 교리적인, 권위적인 인물로 제시되는 사도가 승인한 고정된 신학적 산물을 위임함으로써 그렇게 한다. 이 산물은 다음 세대들에게 "맡겨진 것"으로서 전해져야 한다. 그의 논쟁에서 "바울"은 적대자들을 비난하고 정형화하면서, 그들을 "수사학적 공격의 바다"에 빠뜨리려고 한다(1991:46).

목회자는 보편적으로 적용될 수 있는 사도를 만들어낸다. 그 안에서 역사의 특수성은 희생되는 대신에 전통의 연속성은 보전된다(1991:106). 베커는 이 편지들이 바울의 독특하게 대화적인 신학 방법을 상실한 것을 한탄한다. 이외에도, (구속, 자유, 칭의, 그리스도 안에 있는 것과 같은) 상징과 은유를 통하여 수신자들에게 중재되는 그리스도 사건에 대한 그의 묵시적인 이해도 표현되지 않는다. 그 대신에 우리는 주류 문화 가치의 신중한 수용, 조용한 삶의 이상에 대한 칭찬, 교회 질서와 행정에 대한 관심과 마주친다. 이것들은 종말론적 대단원에 대한 목회자의 약속을 희미하게 만든다(1991:44).

그러나 목회서신은 무시되면 안 된다. 이것들과 다른 바울 이후 저작들은 우리가 바울 편지들의 특수성에 대한 오늘날의 해결책을 구상하는 데에 도움이 될 수 있다. 최소한 목회서신은 바울이 문자적으로 재생될 수는 없다는 것을 우리에게 보여준다(1991:106). 또 본문과 많은 상호작용이 있더라도, 다양한 해석을 허용하고 나아가 요구하는 접근방식도 적절하지 않다. 왜냐하면 이것은 성경 본문의 "표준성"을 보호하지 못하기 때문이다(1991:120).

또 엘리자베트 쉬슬러 피오렌자(Elisabeth Schüssler Fiorenza)는 성경은 억압적인 이상을 합법화하는 무시간적이고 고정된 "전형"(archetype)이라기보다는 오히려 변화와 계속되는 역사에 열려있는 "원형"(prototype)이라는 성경 계시 패러다임을 주장하는데, 그는 그녀에게도 비판적이다.[7] 그 대신에, 베커는 현재를 명료하게 다루면서, 그의 상징과 은유를 창의적으로 사용함으로써 그의 메시지를 충실하게 전달해주는 방식으로 바울을 해석하는 것을 옹호한다(1991:123-24).

6. 프란시스 영

프란시스 영(Frances Young)은 한 논문(1992:105-20)과 캠브리지 신약신학 시리즈에 기고한 탁월한 책(1994a)의 결론에서 목회서신의 오늘날의 의의에 대한 그녀의 이해를 밝혔다.

전자에서 그녀는 내재 독자들(이 편지들의 원래 청자들)과 오늘날의 실제 독자들 사이의 거리를 고려하여 이 편지들을 가장 잘 읽는 방법에 대해 언급한다. 영은 자신이 "윤리적 읽기"라고 명명한 것을 주장한다. 이 읽기에서 실제 독자는 한편으로는 의사소통되는 것에 존중하는 자세

---

[7] Beker는 Schüssler Fiorenza 1983:33을 인용한다. 오직 가부장적 문화와 "그럴 듯한 구조"를 타개하는 저 본문들에만 "계시의 신학적 권위"가 허용된다(1983:33). 또 1983:36의 논평도 보라. "교회로서 여자들은 예수와 가장 초기 교회의 관례를 성경적인 뿌리 모델 또는 원형으로 주장할 수 있는 지속되는 역사와 전통을 갖고 있다. 이 원형은 페미니즘적 변화에 열려있다."

로 열려있고, 다른 한편으로는 현대 사람으로서 자유롭게 본문으로부터 비판적인 거리를 유지한다(1992:110). 이것은 내재 독자들의 반응과 오늘날의 실제 독자들의 반응 사이에 변증법적 관계를 형성한다. 영은 본문의 세계와 현대의 세계 사이에는 의심의 여지없이 차이가 있을 수 있다는 것을 인정한다. 내재 독자들은 많은 경우에 우리는 단지 부분적으로만 공유하거나 전혀 공유하지 않는 신념과 문화 관습에 대한 충성을 주장한다. 디모데전서 2:11-15 같은 몇몇 본문들은 오늘날의 독자들에게 "만약 불가능한 것이 아니라면, 어려운 것"이다(1992:113).

영은 이 편지들에서 작동하는 수사학적 역동성을 충분히 인식하고 있다. 그녀의 언급에 의하면, 어떤 저자나 화자의 관점을 따르도록 설득하려면, 채택된 주제와 주장에 대한 청중의 동의(*logos*)와 화자/저자가 믿을 만하다는 입증(*ethos*)과 화자의 관점에 긍정적으로 반응하도록 감동받는 것(*pathos*)이 필요하다. 이 편지들이 위명적인 것이라는 사실은, 이것들을 "존중하는 자세로" 또 의심 없이 환영하는 것이 가능하냐는 피할 수 없는 문제를 야기한다(1992:106).

하지만 오늘날의 독자들은 여전히 본문의 세계로 들어가고, 설득되고 빠져들고 행동으로 나아갈 수도 있다. 그렇지만 독자들은 또한 책임감 있는 현대 백성으로서 식별력을 사용하고 동의를 보류하고 비판적인 거리를 유지할 권리도 갖고 있다. 책임감 있는 독자들은 이 본문들의 과거의 의미와 미래의 잠재력에 주목해야 한다.

영의 결론에 의하면, 그들은 단지 권위 있는 바울 전통을 전해주고 있다는 실제 저자의 주장이 어디까지 유효한지 그 범위뿐만 아니라, 또한 그 전통이 더 발전되고 재고될 수 있는 방식까지도 결정해야 한다(1992:120). 독자들은 참된 개혁을 하라고 교회에게 도전하고 교회를 격려하는 이 본문들의 잠재력을 고려해야 한다. 아마도 이런 방식으로 우리는 지금까지 이 편지들에 주어졌던 의심과 무시를 넘어설 수 있을 것이다.

그녀의 『신학』(Theology, 1994a:145-61)의 결론에서 영은 이 결론을 발판으로 삼는다. 그녀의 관찰에 의하면, 바울은 목회서신을 통해서 교회에 중재되었다. 이 편지들은 사회, 교회, 가족 내의 일종의 위계적인 관계를 합법화함으로써 막강한 영향을 주었다. 여자들은 평가절하되고 종속되었다. 이 사태에 대해서는 이 편지들에 상당한 책임이 있다. 실제로, 이것들은 영이 "통제가 잘 되는 종속 문화"라고 부르는 것을 인정한다(1994a:147). 억압적인 사회 질서는 "하늘로 투사되었고," 목회서신이 작성된 문화적 특수성을 뛰어넘는 하나님의 뜻으로 묘사되었다. 우리는 이 질서를 단순히 낡고 시대에 뒤떨어진 것으로 간주할 수도 있다. 하지만 영은 이 편지들의 "정신"과 이것들이 이야기하는 전통을 찾아내고 확인하고 싶어 한다.

영은 성육신적인 모델을 채택하고, 이 편지들은 역사적인 특수성이 영원한 것을 중재하는 "두 본질"–신성과 인성–을 구체화한다고 주장한다(1994a:150). 목회서신에서 우리는 특수한 것에서 거룩한 것을 만난다. 영의 주장에 의하면, 목회자가 특수한 순간의 도전에 대처하려고 했던 것처럼, 이 편지들은 우리에게 그리스도에 대한 충성을 금욕주의적인 포기나 영지주의적인 사색에서가 아니라, 일상생활의 한복판에서 우리 자신의 문화적 맥락에서 –피조세계와 사회 질서의 선한 것을 인정하면서– 구체화하라고 가르친다. 목회자가 사회 질서를 강력하게 인정하는 것을 언급하면서, 영은 신자들에게 이와 같이 우리 주변의 질서를

포용하라고 촉구한다. 왜냐하면 이 질서는 하나님에게서 기원하기 때문이다(1994a:153).[8]

이 편지들은 우리에게 책임감 있게 살라고, 그렇지만 오늘날의 문화적 관습 및 습관과 관련하여 비판적인 분별력과 판단력을 사용하면서 살라고 가르친다. 목회서신의 규정에서 아주 두드러지는 -우리 자신의 문화에도 결코 부재하지 않는- 위계질서적인 관계에 대한 비판의 씨앗은, 지도자들을 포함하여 모든 사람들이 종의 도에 복종해야 한다는 이 편지들의 가르침에 놓여있다(1994a:159). 지도자들에 관하여는, 영은 이 편지들이 그리스도인의 기능보다는 오히려 그리스도인의 인품을 주입하는 것과 더 관련이 있는 것을 발견한다.

이와 같이 이 편지들은 "권력의 도"에 대한 비판을 제공한다. 바로 여기에, 독자들은 현재의 사회 구조에 책임감 있게 참여함으로써 그것을 서서히 바꿔야 한다는 자극이 들어있다. 초기 그리스도인들이 그리스-로마 가족을 변화되지 않은 채로 내버려두지 않았던 것처럼 말이다. 결국 영은 목회서신이 오늘날의 신자들에게 주는 도전은 다원적인 환경에서 그리스도인의 인품을 구체화하고, 전통을 그 정신을 충실하게 표현하는 방식으로 보호하라는 것이라고 결론짓는다.

---

8 Karris 1979:xvii를 참조하라. "우리의 구원은 우리의 매일의 삶을 이루고 있는 저 의무들에 대한 우리의 충성의 일상성에 들어있다."

7. 결론

목회서신은 초기 교회에서 성경의 지위를 허용 받았기 때문에, 믿음과 교리를 형성하는 데에 권위 있는 것이라고 정당하게 주장할 수 있다. 그렇지만 이 편지들은 가족생활을 인정하고 위계적인 사회적 이상을 떠맡기는데, 하나님의 계시를 잘 아는 많은 성경 해석자들은 이것들이 서로 대립적이고 서로 다른 것이라고 본다. 하지만 일부 학자들의 생각에는, 이 편지들은 현대 독자들에게 기독교 가족과 회중에 대한 보편적으로 참된, 규범적인 규정을 제시한다. 비록 그 의제가 대항 문화적이더라도, 이 편지들의 프로그램은 고수되거나 실행되어야 한다. 이것들이 제시하는 해석학적 도전은 바울이 기록한 문서로서의 이것들의 진정성과 온전성을 의심하지 않는 학자들에 의해서 날카롭게 느껴지는 만큼, 이것들에 들어있는 모든 전제는 문자적으로, 우주적으로 적용되어야 한다는 요구를 거부하는 학자들에 의해서도 날카롭게 느껴진다.

이 장에서 살펴보았듯이, 우리가 개관한 대부분의 학자들은 만약 성경의 메시지와 요구가 우리 동시대인들에게 들려지려면, 목회서신을 포함하여 모든 성경이 창조적이고 창의적으로 다루어지고 해석되어야 한다고 주장한다. 오직 그 방식으로만, 성경의 권위는 오늘날의 교회에서 확실하고 명료하게 인정될 것이다.

많은 학자들이 저자에 관한 논쟁과 목회자가 바울의 메시지를 현실화하는 것의 유효성에 대한 문제에 초조감을 표시한다. 내 생각으로는, 이 문제들은 독자에게 성경 자체의 본질에 대한 근본적인 질문을 제기하기 때문에, 계속해서 중요한 이슈들로 남아있을 것이다. 레이몬드 브라운이 우리는 이 편지들의 본문 전체를 들어야 한다고 주장하는 것이 옳다(1984:44). 오직 이 방식으로만, 지적인 신자는 그 말씀의 역사적인 조건성과 사회화를 이해하게 될 것이다. 브라운이 제대로 언급하듯이, 이것은 성육신 자체를 이해하는 데에 본질적인 측면이다. 이외에도, 이 편지들은 우리로 하여금 통찰력 있고 창의적인 해석을 하도록 자극한다. 문자적인 해석을 하지 않는 사람들은 오늘날의 신자들이 이 편지들의 메시지 정신을 어떤 방식으로 확실하게 사용할 수 있는지를 발견해야 한다.

끝으로, 위르겐 롤로프의 관찰에 의하면, 목회자가 인정하고 명령하는 것과 사회의 구조 및 윤리 이상 사이에는 더 이상 상당한 양의 조화와 양립이 없다. 현대 서구 사회는 갈수록 다원적이고 윤리적으로 상대적이 되어 가기 때문에, 목회서신은 우리로 하여금 사회의 구조와 윤리 이상을 존중하며 **주류 문화에 적응된** 그리스도인의 삶을 살라고 도전한다고 주장하는 학자들의 충고를 일관되게 따르는 것은 갈수록 어려워질 것이다.

그럼에도 불구하고, 목회서신은 과거의 유산이 현재 교회의 선교와 메시지에 어떻게 가장 잘 기여하는지를 결정하는 데에 유익한 모델을 제공한다. 다원적인 세계에서, 사도가 맡겨놓은 것을 보호하는 모든 수호자들에게 남아있는 절박한 임무는, 기독교 메시지의 요구를 가지고 사회와 관계를 맺는 것과 하나님과 그의 그리스도의 이름으로 봉사하는 그리스도인의 삶의 성격을 구체화하는 기회를 과감하게 활용하는 것이다.

참고도서

A Committee of the Oxford Society of Historical Theology. 1905. *The New Testament in the Apostolic Fathers*. Oxford: Clarendon.

Anderson, R. Dean, Jr. 1996. *Ancient Rhetorical Theory and Paul*. Kampen: Kok Pharos Publishing House.

Ascough, Richard S. 1998. *What Are They Saying About the Formation of Pauline Churches?* New York/Mahwah, N.J.: Paulist Press.

Aune, David E. 1987. *The New Testament in its Literary Environment*. Philadelphia: Westminster.

Balch, David L. 1981. *Let Wives be Submissive: The Domestic Code in 1 Peter*. SBLMS 26. Chico, Cal.: Scholars Press.

Balch, David L., and Carolyn Osiek. 1997. *Families in the New Testament World: Households and House Churches*. Louisville: John Knox.

Banks, Robert J. 1994. *Paul's Idea of Community*. Peabody: Hendrickson.

Barclay, John M. G. 1997. "The Family as the Bearer of Religion." In *Constructing Early Christian Families: Family as Social Reality and Metaphor*, ed. Halvor Moxnes, 66–80. London: Routledge.

Barnett, Albert E. 1941. *Paul Becomes a Literary Influence*. Chicago: Chicago University Press.

Barrett, C. K. 1970. *The Signs of an Apostle*. London: Epworth.

———. 1973–74. "Pauline Controversies in the Post-Pauline Period." *NTS* 20:229–45.

Barton, Stephen C., and Gregory H. R. Horsley. 1981. "A Hellenistic Cult Group and the New Testament Churches." JAC 24: 7–41.

Bassler, Jouette M. 1983. "The Widow's Tale: A Fresh Look at 1 Tim. 5:3–16." *JBL* 103:23–41.

———. 1996. *1 Timothy, 2 Timothy, Titus*. Nashville: Abingdon.

Bauckham, Richard J. 1988. "Pseudo-Apostolic Letters." *JBL* 107:469–94.

Bauer, Walter. 1971. *Orthodoxy and Heresy in Earliest Christianity*. Philadelphia: Fortress. Translation *Rechtgläubigkeit und Ketzerei im ältesten Christentum*. Tübingen: Mohr (Siebeck), 1934.

Beker, J. Christiaan. 1980. *Paul the Apostle: The Triumph of God in Life and Thought*. Philadelphia: Fortress.

———. 1991. *Heirs of Paul*. Philadelphia: Fortress.

Berger, Klaus. 1984. *Formgeschichte des Neuen Testaments*. Heidelberg: Quelle & Meyer.

Betz, Hans Dieter. 1979. *Galatians*. Philadelphia: Fortress.

Blackburn, Edwin C. 1948. *Marcion and His Influence*. London: SPCK.

Boughton, Lynne C. 1991. "From Pious Legend to Feminist Fantasy: Distinguishing Hagiographical License from Apostolic Practice in the *Acts of Paul/Acts of Thecla*." *JR* 71:362–83.

Brown, Peter R. L. 1988. *Body and Society: Men, Women, and Sexual Renunciation in Early Christianity*. New York: Columbia University Press.

Brown, Raymond E. 1984. *The Churches the Apostles Left Behind*. New York/Ramsey, N.J.: Paulist Press.

Brox, Norbert. 1969. *Die Pastoralbriefe*. Regensburg: Pustet.

─────. 1975. *Falsche Verfasserangaben: Zur Erklärung der frühchristlichen Pseudepigraphie*. Stuttgart: KBW Verlag.

Burgess, T. C. 1902. "Epideictic Literature." *Chicago Studies in Classical Literature* 3:89–253.

Burrus, Virginia. 1987. *Chastity as Autonomy: Women in the Stories of Apocryphal Acts*. Lewiston/Ormiston, Maine: Edwin Mellen.

Burtchaell, James T. 1992. *From Synagogue to Church: Public services and offices in the earliest Christian communities*. Cambridge: Cambridge University Press.

Caird, George B. 1980. *The Language and Imagery of the Bible*. Philadelphia: Westminster.

Campbell, R. Alistair. 1994. *The Elders: Seniority within Earliest Christianity*. Edinburgh: T. & T. Clark.

von Campenhausen, Hans. 1963. "Polykarp von Smyrna und die Pastoralbriefe." In *Aus der Frühzeit des Christentums: Studien zur Kirchengeschichte des ersten und zweiten Jahrhunderts*, 197–252. Tübingen: Mohr (Siebeck).

Candlish, J. S. 1891. "On the Moral Character of Pseudonymous Books." *Exp* 4 series 4:91–107, 262–79.

Collins, John J. 1984. "Testaments." In *Jewish Writings of the Second Temple Period*, ed. Michael E. Stone, 325–55. Philadelphia/Assen: Fortress/Van Gorcum.

Collins, Raymond F. 1975. "The Image of Paul in the Pastorals." *LTP* 31:147–73.

Conzelmann, Hans. 1965–66. "Paulus und die Weisheit." *NTS* 12:231–44.

Countryman, L. William. 1980. *The Rich Christian in the Church of the Early Empire: Contradictions and Accommodations.* New York/Toronto: Edwin Mellen Press.

Crouch, James E. 1972. *The Origin and Intention of the Colossian Haustafel.* FRLANT 109. Göttingen: Vandenhoeck & Ruprecht.

Danker, Frederick W. 1982. *Benefactor: Epigraphic Study of a Graeco-Roman and New Testament Semantic Field.* St. Louis: Clayton Press.

Davies, Margaret. 1996a. *The Pastoral Epistles.* London: Epworth.

――――. 1996b. *The Pastoral Epistles.* New Testament Guides. Sheffield: Academic Press.

Davies, Stevan L. 1980. *The Revolt of the Widows: The Social World of the Apocryphal Acts.* Carbondale and Edwardsville, Ill.: Southern Illinois University Press.

de Boer, Martinus C. 1980. "Images of Paul in the Post-Apostolic Period." *CBQ* 42:359–80.

Deissmann, G. Adolf. 1901. *Bible Studies: Contributions Chiefly from the Papyri and Inscriptions to the History of the Language, the Literature, and the Religion of Hellenistic Judaism and Primitive Christianity.* Edinburgh: T. & T. Clark.

――――. 1910. *Light from the Ancient East: The New Testament Illustrated by Recently Discovered Texts of the Graeco-Roman World.* New York: George H. Doran.

Dibelius, Martin, and Hans Conzelmann. 1972. *The Pastoral Epistles.* Philadelphia: Fortress.

Donelson, Lewis R. 1986. *Pseudepigraphy and Ethical Argument in the Pastoral Epistles.* HUT 22. Tübingen: Mohr (Siebeck).

Doty, William. 1969. "The Classification of Epistolary Literature." *CBQ* 31:183–99.

———. 1973. *Letters in Primitive Christianity*. Philadelphia: Fortress.

Duff, Jeremy. 1998. "P46 and the Pastorals: A Misleading Consensus." *NTS* 44:578–90.

Dunn, Peter W. 1993. "Women's Liberation, the *Acts of Paul*, and other Apocryphal *Acts of the Apostles*." *Apocrypha* 4:245–61.

Easton, Burton Scott. 1947. *The Pastoral Epistles*. New York: Scribners.

Ellis, E. Earle. 1992. "Pseudonymity and Canonicity of New Testament Documents." In *Worship, Theology and Ministry in the Early Church: Essays in Honour of Ralph P. Martin*, eds. Michael J. Wilkins and Terence Paige, 212–24. JSNTSup 87. Sheffield: JSOT Press.

Fiore, Benjamin. 1986. *The Function of Personal Example in the Socratic and Pastoral Epistles*. AnBib 105. Rome. Biblical Institute.

Fitzgerald, John T. 1988. *Cracks in an Earthen Vessel: An Examination of the Catalogues of Hardships in the Corinthian Correspondence*. SBLDS 99. Atlanta: Scholars Press.

Forbes, Christopher. 1986. "Comparison, Self-Praise and Irony: Paul's Boasting and the Conventions of Hellenistic Rhetoric." *NTS* 36:1–30.

Funk, Robert W. 1967. "The Apostolic *Parousia*: Form and Significance." In *Christian History and Interpretation: Studies Presented to John Knox*, eds. W. R. Farmer, C. F. D. Moule, and R. R. Niebuhr, 249–68. Cambridge: Cambridge University Press.

Gealy, Fred D. 1955. "I and II Timothy, Titus." In *The Interpreter's Bible*, ed. George A. Buttrick, 11.353–551. 12 Volumes. Nashville: Abingdon.

Goodspeed, Edgar J. 1937. *New Chapters in New Testament Study*. New York: Macmillan.

Guthrie, Donald. 1990. *The Pastoral Epistles*. Leicester/Downers Grove, Ill.: IVP/Eerdmans.

Haefner, Alfred E. 1934. "A Unique Source for the Study of Ancient Pseudonymity." *ATR* 16:8–15.

Hahneman, Geoffrey M. 1992. *The Muratorian Fragment and the Development of the Canon*. Oxford: Clarendon.

Hanson, Anthony T. 1968. "Eve's Transgression." In *Studies in the Pastoral Epistles*, 64–77. London: SPCK.

———. 1968. "The Significance of the Pastoral Epistles." In *Studies in the Pastoral Epistles*, 110–20. London: SPCK.

———. 1981. "The Domestication of Paul: A Study in the Development of Early Christian Theology." *BJRL* 63:402–18.

———. 1982. *The Pastoral Epistles*. London: Marshall, Morgan & Scott.

Harding, Mark. 1986. "The Classical Rhetoric of Praise and the New Testament." *RTR* 45:73–82.

———. 1998. *Tradition and Rhetoric in the Pastoral Epistles*. StudBL 3. New York: Peter Lang.

Harrington, Daniel Y. 1980. "The Reception of Walter Bauer's *Orthodoxy and Heresy in Earliest Christianity* During the Last Decade." *HTR* 73:289–98. Reprinted in 1982, 162–73. *Light of All Nations: Essays on the Church in New Testament Research*. Wilmington, Del.: Michael Glazier.

Harrison, P. N. 1921. *The Problem of the Pastoral Epistles*. Oxford: Oxford University Press.

———. 1955. "Important Hypotheses Reconsidered III: The Authorship of the Pastoral Epistles." *ExpTim* 67:77–81.

———. 1964. *Paulines and Pastorals*. London: Villiers.

Hoffmann, R. Joseph. 1984. *Marcion: On the Restitution of Christianity*. Chico, Cal.: Scholars Press.

Holmberg, Bengt. 1980. *Paul and Power: The Structure of Authority in the Primitive Church as Reflected in the Pauline Epistles*. Philadelphia: Fortress.

Holtzmann, Heinrich J. 1880. *Die Pastoralbriefe kritisch und exegetisch untersucht*. Leipzig: Wilhelm Engelmann.

Howe, E. Margaret. 1980. "Interpretations of Paul in the *Acts of Paul/Thecla*." In *Pauline Studies: Essays presented to Professor F. F. Bruce on His 70th Birthday*, eds. Donald A. Hagner and Murray J. Harris, 33–49. Exeter: Eerdmans/Paternoster.

Johnson, Luke Timothy. 1978–79. "II Timothy and the Polemic Against False Teachers: A Re-examination." *JRelS* 6.2/7.1:1–26.

─────. 1996. *Letters to Paul's Delegates: 1 Timothy, 2 Timothy, Titus*. Valley Forge, Penn.: Trinity Press International.

Judge, Edwin A. 1960a. *The Social Pattern of Christian Groups in the First Century: Some Prolegomena to the Study of New Testament Ideas of Social Obligation*. London: Tyndale.

─────. 1960b. "The Early Christians as a Scholastic Community." *JRH* 1:4–15, 125–37.

─────. 1968. "Paul's Boasting in Relation to Contemporary Professional Practice." *AusBR* 16:37–50.

─────. 1972. "St. Paul and Classical Society." *JAC* 15:19–36.

Karris, Robert J. 1971. "The Function and Sitz im Leben of the Paraenetic Elements in the Pastoral Epistles." Th.D. Dissertation. Harvard University.

─────. 1972. "The Polemic of the Pastoral Epistles." *JBL* 93:549–64.

─────. 1979. *The Pastoral Epistles*. Wilmington, Del.: Michael Glazier.

Keck, Leander E. 1974. "On the Ethos of the Early Christians." *JAAR* 42:435–52.

Kennedy, George A. 1984. *New Testament Interpretation Through Rhetorical Criticism*. Chapel Hill, N.C.: University of North Carolina Press.

———. 1999. *Classical Rhetoric and its Christian and Secular Tradition from Ancient to Modern Times*. Second edition, revised and enlarged. Chapel Hill, N.C./London: University of North Carolina Press.

Kenny, Anthony J. P. 1986. *A Stylometric Study of the New Testament*. Oxford: Oxford University Press.

Kenyon, Frederic G. 1936. *The Chester Beatty Biblical Papyri: Descriptions and Texts of Twelve Manuscripts on Papyrus of the Greek Bible. Fasciculus III Supplement: Pauline Epistles*. London: Emery Walker.

Kidd, Reggie M. 1990. *Wealth and Beneficence in the Pastoral Epistles*. SBLDS 122. Atlanta: Scholars Press.

Kiley, Mark. 1986. *Colossians as Pseudepigraphy*. Sheffield: JSOT Press.

Kloppenborg, John S. 1996. "Collegia and *Thiasoi*: Issues in function, taxonomy and membership." In *Voluntary Associations in the Graeco-Roman World*, eds. John S. Kloppenborg and Stephen G. Wilson, 16–30. London/New York: Routledge.

Knight, George W. III. 1992. *The Pastoral Epistles*. Grand Rapids: Eerdmans.

Koester, Helmut. 1979. "I Thessalonians—Experiment in Christian Writing." In *Continuity and Discontinuity in Church History*, eds. F. F. Church and T. George, 33–44. Leiden: Brill.

Koskenniemi, Heikki. 1956. *Studien zur Idee und Phraseologie des griechischen Briefes bis 400 n. Chr.* Helsinki: Suomalainen Tiedeakatemia.

Köstenberger, Andreas J., Thomas R. Schreiner, and H. Scott Baldwin, eds. 1995. *Women in the Church: A Fresh Analysis of 1 Timothy 2:9–15.* Grand Rapids: Baker.

Kyrtatas, Dimitris J. 1987. *The Social Structure of the Early Christian Communities.* London/New York: Verso.

Lightfoot, J. B. 1885. *The Epistle to the Philippians.* London: Macmillan.

Lock, W. W. 1924. *A Critical and Exegetical Commentary on Pastoral Epistles.* Edinburgh: T. & T. Clark.

Lohfink, Gerhard. 1981. "Paulinische Theologie in der Rezeption der Pastoralbriefe." In *Paulus in den neutestamentlichen Spätschriften*, ed. Karl Kertelge, 50–121. Freiburg/Basel/Wien: Herder.

MacDonald, Dennis R. 1983. *The Legend and the Apostle: The Battle for Paul in Story and Canon.* Philadelphia: Westminster.

MacDonald, Margaret Y. 1988. *The Pauline Churches: A Socio-historical Study of Institutionalization in the Pauline and Deutero-Pauline Writings.* SNTSMS 60. Cambridge: Cambridge University Press.

―――. 1996. *Early Christian Women and Pagan Opinion: The Power of the Hysterical Woman.* Cambridge: Cambridge University Press.

―――. 1999. "Rereading Paul: Early Interpreters of Paul on Women and Gender." In *Women and Christian Origins*, eds. Ross Shepard Kraemer and Mary Rose D'Angelo, 236–53. New York: Oxford University Press.

Malherbe, Abraham J. 1983. *Social Aspects of Early Christianity*. Philadelphia: Fortress.

———. 1986a. *The Cynic Epistles*. SBL Resources for Biblical Study 12. Atlanta: Scholars Press.

———. 1986b. *Moral Exhortation: A Greco-Roman Sourcebook*. Philadelphia: Westminster.

———. 1987. *Paul and the Thessalonians: The Philosophic Tradition of Pastoral Care*. Philadelphia: Fortress.

———. 1988. *Ancient Epistolary Theorists*. SBL Resources for Biblical Study 19. Atlanta: Scholars Press.

———. 1989. *Paul and the Popular Philosophers*. Minneapolis: Fortress.

———. 1992. "Hellenistic Moralists and the New Testament." *ANRW* II 26.2:267–333.

Marshall, I. Howard. 1996. "Salvation, Grace and Works in the Later Writings in the Pauline Corpus." *NTS* 42:339–58.

Martin, Seán Charles. 1997. *Pauli Testamentum: 2 Timothy and the Last Words of Moses*. Rome: Gregorian University.

McCready, Wayne O. 1996. "EKKLĒSIA and Voluntary Associations." In *Voluntary Associations in the Graeco-Roman World*, eds. John S. Kloppenborg and Stephen G. Wilson, 59–73. London/New York: Routledge.

McDonald, Lee M. 1995. *The Formation of the Christian Biblical Canon*. Peabody, Mass.: Hendrickson.

McNamara, Jo Ann. 1983. *A New Song: Celibate Women in the First Three Centuries*. New York/Binghampton: Harrington Park Press.

Meade, David G. 1986. *Pseudonymity and Canon*. WUNT 39. Tübingen: Mohr (Siebeck).

Meeks, Wayne A. 1983. *The First Urban Christians: The Social World of the Apostle Paul*. New Haven/London: Yale University Press.

Metzger, Bruce M. 1958. "A Reconsideration of Certain Arguments Against the Pauline Authorship of the Pastoral Epistles." *ExpTim* 70:91–94.

―――. 1972. "Literary Forgeries and Canonical Pseudepigrapha." *JBL* 91:3–24.

―――. 1992. *The Text of the New Testament: Its Transmission, Corruption, and Restoration*. New York/London: Oxford University Press.

Miller, James D. 1997. *The Pastoral Letters as Composite Documents*. SNTSMS 93. Cambridge: Cambridge University Press.

Moule, C. F. D. 1965. "The Problem of the Pastoral Epistles." *BJRL* 47:430–52.

Murphy-O'Connor, Jerome. 1991. "2 Timothy Contrasted with 1 Timothy and Titus." *RB* 98:403–18.

―――. 1995. *Paul the Letter-Writer: His World, His Options, His Skills*. Collegeville, Minn.: Liturgical Press.

Neumann, Kenneth J. 1990. *The Authenticity of the Pauline Epistles in the Light of Stylostatistical Analysis*. SBLDS 120. Atlanta: Scholars Press.

von Nordheim, Eckhard. 1980. *Die Lehre der Alten*. Two volumes. Leiden: Brill.

Oberlinner, Lorenz. 1994. *Kommentar zum ersten Timotheusbrief*. HTKNT XI.1. Freiburg: Herder.

―――. 1995. *Kommentar zum zweiten Timotheusbrief*. HTKNT XI.2. Freiburg: Herder.

―――. 1996. *Kommentar zum Titusbrief*. HTKNT XI.3. Freiburg: Herder.

Osiek, Carolyn. 1992. *What are They Saying about the Social Setting of the New Testament?* New York/Mahwah, N.J.: Paulist Press.

O'Sullivan, Jeremiah F. 1947. *The Writings of Salvian, the Presbyter.* In *Fathers of the Church*, volume 3. New York: Cima.

Pagels, Elaine. 1975. *The Gnostic Paul: Gnostic Exegesis in the Pauline Letters.* Philadelphia: Fortress.

Pomeroy, Sarah B. 1995. *Goddesses, Whores, Wives, and Slaves: Women in Classical Antiquity.* New York: Schocken.

Pontifical Biblical Commission. 1993. *The Interpretation of the Bible in the Church.* Boston: St. Paul Books and Media.

Porter, Stanley E. 1993. "Rhetorical Categories in Pauline Literature." In *Rhetoric and the New Testament*, eds. Stanley E. Porter and Thomas H. Olbricht, 100–122. Sheffield: JSOT Press.

———. 1995. "Pauline Authorship and the Pastoral Epistles: Implications for the Canon." *BBR* 5:105–23.

Prior, Michael. 1989. *Paul the Letter-Writer and the Second Letter to Timothy.* JSNTSup 23. Sheffield: JSOT Press.

Quinn, Jerome D. 1974. "P46—the Pauline Canon." *CBQ* 36:379–85,

———. 1978. "The Last Volume of Luke: The Relation of Luke-Acts and the Pastoral Epistles." In *Perspectives on Luke-Acts*, ed. Charles H. Talbert, 62–75. Macon, Ga.: Mercer.

———. 1981. "Paraenesis and the Pastoral Epistles." In *De la Tôrah au Messie*, eds. M. Carrez, J. Doré, and P. Grelot, 495–501. Paris: Desclée.

———. 1990. *The Letter to Titus.* New York: Doubleday.

Redalié, Yann. 1994. *Paul après Paul: Le temps, le salut, la morale selon les épîtres à Timothée et à Tite.* Geneva: Labor et Fides.

Reed, Jeffrey T. 1993. "Using Ancient Rhetorical Categories to Interpret Paul's Letters: A Question of Genre." In *Rhetoric and the New Testament*, eds. Stanley E. Porter and Thomas H. Olbricht, 292–324. Sheffield: JSOT Press.

Richards, E. Randolph. 1991. *The Secretary in the Letters of Paul*. WUNT 2.42. Tübingen: Mohr (Siebeck).

Roloff, Jürgen. 1988. *Der erste Brief an Timotheus*. EKKNT 15. Zürich: Benziger Verlag.

Ruether, Rosemary Radford. 1974. "Misogynism and Virginal Feminism in the Fathers of the Church." In *Religion and Sexism: Images of Woman in the Jewish and Christian Tradition*, ed. Rosemary Radford Ruether, 150–83. New York: Simon & Schuster.

Schenke, Hans-Martin. 1975. "Das Weiterwirken des Paulus und die Pflege seines Erbes durch die Paulus-Schule." *NTS* 21:505–18.

Schneemelcher, Wilhelm, ed. 1992. *New Testament Apocrypha. Volume Two: Writings Relating to the Apostles; Apocalypses and Related Subjects*. Revised Edition. Louisville: Westminster/John Knox.

Schulz, Siegfried. 1976. *Die Mitte der Schrift*. Berlin: Kreuz-Verlag.

Schüssler Fiorenza, Elisabeth. 1979. "Word, Spirit and Power: Women in Early Christian Communities." In *Women of Spirit*, eds. Rosemary Radford Ruether and Eleanor McLaughlin, 29–70. New York: Simon & Schuster.

———. 1983. *In Memory of Her: A Feminist Theological Reconstruction of Christian Origins*. New York: Crossroad.

Schwarz, Roland. 1983. *Bürgerliches Christentum im Neuen Testament?* Klosterneuberg: Verlag Österreichisches Katholisches Bibelwerk.

Spicq, Ceslaus. 1969. *Les Épîtres Pastorales*. Two volumes. Paris: Gabalda.

Stambaugh, John E., and David L. Balch. 1986. *The New Testament in Its Social Environment*. Philadelphia: Westminster.

Stirewalt, M. Luther Jr. 1993. *Studies in Ancient Greek Epistolography*. SBL Resources for Biblical Study 27. Atlanta: Scholars Press.

Stowers, Stanley K. 1984. "Social Status, Public Speaking and Private Teaching: The Circumstances of Paul's Preaching." *NovT* 26:59–82.

———. 1986. *Letter Writing in Greco-Roman Antiquity*. Philadelphia: Westminster.

———. 1994. *Rereading Romans: Justice, Jews, and Gentiles*. New Haven: Yale University Press.

Theissen, Gerd. 1982. *The Social Setting of Pauline Christianity: Essays on Corinth*. Philadelphia: Fortress.

Thraede, Klaus. 1970. *Grunzüge griechisch-römischer Brieftopik*. München: Beck.

———. 1977. "Ärger mit der Freiheit: Die Beziehung von Mann und Frau in Theorie und Praxis der alten Kirche." In *"Freunde in Christus werden...." Die Beziehung von Mann und Frau als Folge an Theologie und Kirche*, Gerta Scharffenorth and Klaus Thraede, 31–182. Gelnhausen/Berlin & Stein/Mfr: Burckhardthaus-Verlag & Laetare-Verlag.

Thurston, Bonnie B. 1989. *The Widows: A Women's Ministry in the Early Church*. Philadelphia: Fortress.

Torm, F. 1977. "Die Psychologie der Pseudonymität im Hinblick auf Literatur des Urchristentums." In *Pseudepigraphie in der heidnischen und jüdisch-christlichen Antike*, ed. Norbert Brox, 111–48. Darmstadt: Wissenschaftliche Buchgesellschaft.

Towner, Philip H. 1987. "Gnosis and Realized Eschatology in Ephesus." *JSNT* 31:95–124.

———. 1989. *The Goal of Our Instruction*. JSNTSup 34. Sheffield: JSOT Press.

———. 1994. *1–2 Timothy & Titus*. Downers Grove, Ill.: Intervarsity.

Trummer, Peter. 1978. *Die Paulustradition der Pastoralbriefe*. Frankfort am Main/Bern/Las Vegas: Lang.

———. 1981. "Corpus Paulinum—Corpus Pastorale." In *Paulus in den neutestamentlichen Spätschriften*, ed. Karl Kertelge, 122–46. Freiburg/Basel/Wien: Herder.

Verner, David C. 1983. *The Household of God: The Social World of the Pastoral Epistles*. SBLDS 71. Chico, Cal.: Scholars Press.

Vetschera, Rudolf. 1912. *Zur griechischen Paränese*. Smichow: Rohlicek & Sievers.

Wall, Robert W. 1995. "Pauline Authorship and the Pastoral Epistles: A Response to S. E. Porter." *BBR* 5:125–28.

Wegenast, Klaus. 1962. *Das Verständnis der Tradition bei Paulus und in den Deuteropaulinen*. Neukirchen: Neukirchener Verlag.

White, John L. 1983. "Saint Paul and the Apostolic Letter Tradition," *CBQ* 45:433–44.

———. 1984. "New Testament Epistolary Literature." *ANRW* II 25 2:1730–56.

———. 1986. *Light from Ancient Letters*. Philadelphia: Fortress.

White, L. Michael. 1992. "Finding the Ties that Bind: Issues from Social Description." *Semeia* 56:3–22.

———. 1992. "Social Networks: Theoretical Orientation and Historical Applications." *Semeia* 56:23–36.

Wilken, Robert L. 1971. "Collegia, Philosophical Schools, and Theology." In *The Catacombs and the Colosseum: The Roman Empire as the Setting of Primitive Christianity*, eds. Stephen Benko and John J. O'Rourke, 268–91. Valley Forge, Penn.: Judson Press.

Wilson, Stephen G. 1976. "The Portrait of Paul in Acts and the Pastorals." In *SBL Seminar Papers*, ed. George MacRae, 397–411. Missoula, Mont.: Scholars Press.

―――. 1979. *Luke and the Pastoral Epistles*. London: SPCK.

Wolter, Michael. 1988. *Die Pastoralbriefe als Paulustradition*. Göttingen: Vandenhoeck and Ruprecht.

Young, Frances M. 1992. "The Pastoral Epistles and the Ethics of Reading." *JSNT* 45:105–20.

―――. 1994a. *Theology of the Pastoral Epistles*. Cambridge: Cambridge University Press.

―――. 1994b. "On ΕΠΙΣΚΟΠΟΣ and ΠΡΕΣΒΥΤΕΡΟΣ." *JTS* n.s. 45:142–48.

Young, Norman H. 1994. "The Sectarian Tradition in Early Christianity." *Prudentia Supplements*, 178–97.

더 깊은 연구를 위한 자료

Balch, David L. 1981. *Let Wives be Submissive: The Domestic Code in 1 Peter*. SBLMS 26. Chico, Cal.: Scholars Press. 소위 가족 규례의 기원과 기능에 대해 통찰력 있는 논의를 하는 중요한 자료이다. 이 단행본은 특히 베드로전서의 가족 규례에 초점을 맞추며, 목회서신의 도덕적 비전을 이해하고자 하는 학생들이 필수적으로 읽어야 하는 책이다.

Bassler, Jouette M. 1996. *1 Timothy, 2 Timothy, Titus*. Nashville: Abingdon. Bassler의 주석서는 독자에게 1세기 말의 배경에서 목회서신의 본문에 대한 통찰력 있는 주석을 제공한다. 그는 이 편지들의 긴급한 해석학적 도전도 언급한다.

Beker, J. Christiaan. 1991. *Heirs of Paul*. Philadelphia: Fortress. Beker는 그의 일관성/우연성 모델을 목회서신을 포함하여 바울 이후의 신약성경에 적용한다. 그의 주장에 의하면, 목회자는 바울의 대화적인 해석학을 표현하는 데에 실패했고, 그리스-로마 도시 문화의 지배적인 도덕적 기대를 수용하는 데에 찬성하여 바울의 묵시적인 세계관을 대부분 포기했다. 그럼에도 불구하고, Beker의 주장에 의하면, 목회서신은 현대 독자들을 자극하여, 바울의 복음을 명확하게 해석하려는 도전에 응하게 만들어야 한다.

Brown, Raymond E. 1984. *The Churches the Apostles Left Behind*. New York/Ramsey, N. J.: Paulist Press. 20세기의 위대한 신약학자들 중의 하나가 저술한 이 책의 범위는 사도 이후의 성경적 유산에까지 이른다. Brown은 바울의 사고를 바울 전통 안에 있는 신자들에게 전해주고 또 그렇지 않으면 교회의 붕괴를 촉진할 세력들에 직면하여 교회 통치 구조를 합법화하려는 목회자의 시도에 대체로 호의적이다.

Countryman, L. William. 1980. *The Rich Christian in the Church of the Early Empire: Contradictions and Accomodations*. New York/Toronto: Edwin Mellen Press. 목회서신을 포함하여 초기 교회에서 나타나는 재물에 대한 태도를 살펴보는 진취적인 연구이다. Countryman의 주장에 의하면, 그리스-로마 도시 사회의 자선 문화는 교회에서 어려움을 야기했다. 왜냐하면 부요한 신자들은 더 넓은 사회나 클럽에서 담당했던 역할과 비슷한 역할을 교회에서도 담당하려고 했던 것으로 보이기 때문이다. 목회자는 부요한 집주인들에게 관대하게 구제하라고 촉구한다. 그러나 회중에서 가르치고 설교하라고 구별된 사람들과 경쟁하지는 말라고 촉구한다.

Dibelius, Martin, and Hans Conzelmann. 1972. *The Pastoral Epistles*.

Philadelphia: Fortress. Dibelius와 Conzelmann의 주석서는 많은 현대 학자들의 설명–초기 바울 그리스도인들의, 특히 지도자들의 사회적 지위는 이 주석가들이 추정했던 것보다 처음부터 더 유복했던 것 같다–에 의해서 갱신되었다. 이외에도, Dibelius와 Conzelmann이 신자들의 사회적 비전이 담겨 있다고 주장한 "부르주아 기독교" 개념은 이 편지들의 많은 대항문화적인 가르침을, 특히 재물과 관련된 가르침을 제대로 다루지 못하는 것 같다. 그럼에도 불구하고, 이 주석서는 그리스–로마 시대의 예증적인 자료를 제공해주는 가치 있는 자원이다.

Donelson, Lewis R. 1986. *Pseudepigraphy and Ethical Argument in the Pastoral Epistles*. HUT 22. Tübingen: Mohr (Siebeck). 지난 세대에 목회서신과 관련하여 나온 가장 중요한 책들 중의 하나이다. Donelson의 주장에 의하면, 이 편지들의 위명 저자는 바울에 대한 이단적인 해석에 직면하여 바울의 소유권을 주장하기 위해 저술했다. 이 단행본의 대부분은 목회자가 수신자들에게 주는 권면을 구성할 때에 사용하는 수사학적 삼단논법(생략 추리법) 기술을 분석하는 데에 할애된다. Donelson은 저자의 권면 논리에 기초하는 저자의 신학적 및 윤리적 독특성에 대한 몇몇 인상적인 관찰로 끝을 맺는다.

Fiore, Benjamin. 1986. *The Function of Personal Example in the Socratic and Pastoral Epistles*. AnBib 105. Rome. Biblical Institute. 소크라테스 편지들과 목회서신에 나오는 긍정적이고 부정적인 모범이라는 수사학적으로 강력한 용법을 철저하게 검토한 책이다. 또 양쪽 편지 모음에 나오는 인물들의 기능에 대한 중요한 논의이다.

Harding, Mark. 1998. *Tradition and Rhetoric in the Pastoral Epistles*. StudBL 3. New York: Peter Lang. 목회서신에 나오는 바울 전통과 그리스-로마 수사학의 상호작용에 대한 분석이다. 목회자는 논증이라는 수사학적 전략을 사용해서 바울 유산에 대한 그의 해석을 천거한다.

Johnson, Luke Timothy. 1996. *Letters to Paul's Delegates: 1 Timothy, 2 Timothy, Titus*. Valley Forge, Penn.: Trinity Press International. 이 세 편지들의 개연적인 진정성을 주장하는 최근의 주석서이다. 이 저작은 신약성경 본문의 사회적 및 문학적 배경을 제일 중요한 것으로 설명하는 시리즈의 일부이다. 그 결과 Johnson은 목회서신의 그리스-로마 배경에 대한 탁월하고 읽기 쉬운 주석서를 저술했다.

Judge, Edwin A. 1960. *The Social Pattern of Christian Groups in the First Century: Some Prolegomena to the Study of New Testament Ideas of Social Obligation*. London: Tyndale. 바울 선교가 실시된 사회적 세계에 대한 탁월한 입문서이다. 이 단행본은 신약성경 시대의 교회의 사회적 묘사와 바울 선교의 사회적 환경에 대한 학자들의 관심을 재점화하는 데에 상당한 영향을 끼쳤다.

Kidd, Reggie M. 1990. *Wealth and Beneficence in the Pastoral Epistles*. SBLDS 122. Atlanta: Scholars Press. 목회서신 수신자들의 도덕적 비전에 적용된 Dibelius와 Conzelmann의 "부르주아 기독교" 이론을 비판하는, 잘 연구된 단행본이다. 이 단행본의 위대한 가치는 이 편지들의 자선 문화에 대한 Kidd의 이해이다. 그는 지금 잠재적인 "감독들"로 언급되는 교회의 부요한 멤버들은 재물과 결부되어 있는 명예와 지위에 대한 문화적 기대를 버리고, 지상의 보상을 기대하지 말고 회중의 관대한 은인이 되라는 기대를 받았다는 것을 보여준다.

MacDonald, Dennis R. 1983. *The Legend and the Apostle: The Battle for Paul in Story and Canon*. Philadelphia: Westminster. MacDonald는 바울(과 테클라)행전이 사도를 그의 선교와 교회에서 여자들의 공헌을 중시한 대항문화적인 설교가로 기억하는 바울 전통을 보존하고 있다는 이론의 여지가 있는 논지를 발전시킨다. MacDonald는 목회서신이 이 바울을 생생하게 기억하고 이야기하는 여자들을 침묵시키기 위하여 저술되었다고 주장한다.

MacDonald, Margaret Y. 1988. *The Pauline Churches: A Social-Historical Study of Institutionalization in the Pauline and Deutero-Pauline Writings*. SNTSMS 60. Cambridge: Cambridge University Press. 현대 사회학적 모델에 기초하여, MacDonald는 공동체 형성의 시기에서부터(논란이 되지 않는 편지들) 공동체 안정화의 시기를 거쳐(에베소서와 골로새서) 공동체 보호의 시기에(목회서신) 이르는 바울서신의 점진적인 제도화 과정을 분석한다. 목회서신의 저자는 거짓 교사들의 와해시키는 활동에서 공동체의 삶을 보호하려고 애쓰고 있다.

Malherbe, Abraham J. 1987. *Paul and the Thessalonians: The Philosophic Tradition of Pastoral Care*. Philadelphia: Fortress. 이것은 (데살로니가전서에서 감지될 수 있는) 역사적인 바울의 사역의 목회적인 핵심

을 이해하는 데에 중요한 책이다. 목회서신에서 목회자는 이 바울 전통을 현실화하려고 애를 썼다.

Martin, Seán Charles. 1997. *Pauli Testamentum: 2 Timothy and the Last Words of Moses*. Rome: Gregorian University. 이 단행본은 성경과 전통에 나오는 모세 및 그의 대적들의 모습과 목회자가 그리는 바울 및 거짓 교사들의 모습의 관계를 대담하게 분석한 책이다. Martin은 디모데후서의 유언 요소에 대한 분석에서 특히 압도적이다.

Meade, David G. 1986. *Pseudonymity and Canon*. WUNT 39. Tübingen: Mohr (Siebeck). 히브리어 성경과 초기 유대교 및 기독교 문헌에 나타나는 위명성과 전통 사이의 관계를 분석한 책이다. Meade의 주장에 의하면, 위명 현상은 문학적 기원을 주장하려는 장치가 아니라, 추정상의 저자와 연결되어 있는 권위 있는 전통을 현실화한다고 주장하려는 장치이다.

Miller, James D. 1997. *The Pastoral Letters as Composite Documents*. SNTSMS 93. Cambridge: Cambridge University Press. P. N. Harrison의 이전의 연구를 토대로 삼아서, Miller는 목회서신이 서로 다른 진정한 바울 단편들을 모아놓은 선집이라고 주장한다. 이 선집은 바울의 모델을 따라서 목회자들을 훈련시키고 만들어내는 일에 헌신한 바울의 제자들이 만든 권면 자료에 의해서 한 세기 넘게 보충되었다.

Quinn, Jerome D. 1990. *The Letter to Titus*. New York: Doubleday.

Quinn은 이 거대한 규모의 책을 저술하는 마지막 단계에서 죽었다. 원래는 이 책의 뒤를 이어 디모데전후서 주석서를 저술할 예정이었다. Quinn은 디도서가 목회서신에서 가장 먼저 기록되었다고 주장한다. 이 주석서의 특징은 이 편지의 신학과 사회적 맥락에 대한 논의와 더불어, 헬라어 본문에 대한 완전한 각주를 제공하는 것이다.

Towner, Philip H. 1989. *The Goal of Our Instruction*. JSNTSup 34. Sheffield: JSOT Press. 목회서신의 교회들을 구성하고 있는 다양한 그룹들에게 주는 권면을 철저하게 석의한 연구이다. Towner는 Martin Dibelius의 "부르주아 기독교" 이론에 특히 비판적이다. 그는 이 편지들의 윤리적 목표는 교회의 선교를 촉진하는 것이라고 주장한다. 이 편지들은 그리스-로마 사회의 가치에 순응하라고 지시하지 않는다.

Verner, David C. 1983. *The Household of God: The Social World of the Pastoral Epistles*. SBLDS 71. Chico, Cal.: Scholars Press. 그리스-로마의 가족 제도와 관련하여 목회서신의 사회적 배경을 상대적으로 일찍 연구한 책이다. Verner는 목회자가 이 편지들에 들어있는 위계적이고 관습적인 지혜에 빚을 지고 있다는 것을 밝혀준다.

Paulist Press 21세기 신학 시리즈

1. **신약의 사회적 상황**
   캐롤라인 오시에크 지음 | 김경진 옮김 | 168면

2. **최근 마태신학 동향**
   도날드 시니어 지음 | 홍찬혁 옮김 | 128면

3. **마가복음 신학**
   프링크 J. 메이트라 지음 | 류호영 옮김 | 136면

4. **누가복음 신학**
   마크 포웰 지음 | 배용덕 옮김 | 184면

5. **요한복음 신학**
   게라르드 S. 슬로안 지음 | 서성훈 옮김 | 240면

6. **사도행전 신학**
   마크 A. 포웰 지음 | 이운연 옮김 | 192면

7. **신학 방법론**
   J. J. 뮐러 지음 | 윤홍식 옮김 | 128면

8. **최근 바울신학 동향**
   조셉 플레브닉 지음 | 배용덕 옮김 | 160면

9. **최근 바울과 율법 연구 동향**
   베로니카 코페르스키 지음 | 김병모 옮김 | 168면

10. **최근 역사적 예수 연구 동향**
    데이비드 B. 가울러 지음 | 김병모 옮김 | 208면

11. **최근 바울과 종말론 연구 동향**
    조셉 플레브닉 지음 | 김병모 옮김 | 152면

12. **최근 신약 묵시 사상 연구 동향**
    스코트 루이스 지음 | 김병모 옮김 | 136면

13. **최근 히브리서 연구 동향**
    다니엘 J. 해링턴 지음 | 김병모 옮김 | 128면

14. **최근 바울교회 형성 연구 동향**
    리차드 S. 애스코프 지음 | 김병모 옮김 | 173면

15. **최근 예수의 비유 연구 동향**
    데이비드 B. 가울러 지음 | 김세현 옮김 | 200면

16. **최근 야고보서 연구 동향**
    알리시아 J. 배튼 지음 | 김병모 옮김 | 152면

17. **최근 마태의 산상수훈 연구 동향**
    웨렌 카터 지음 | 김세현 옮김 | 168면

18. **최근 목회서신 연구 동향**
    마크 하딩 지음 | 김병모 옮김 | 184면

21세기 **신학 시리즈** 18

최근 목회서신 연구 동향

What Are They Saying About the Pastoral Epistles?

2016년 07월 20일 초판 발행

지은이 | 마크 하딩

옮긴이 | 김병모

편 집 | 정희연
디자인 | 이재희
펴낸곳 | 사) 기독교문서선교회
등 록 | 제16-25호(1980. 1. 18)
주 소 | 서울시 서초구 방배로 68
전 화 | 02) 586-8761~3(본사) 031) 942-8761(영업부)
팩 스 | 02) 523-0131(본사) 031) 942-8763(영업부)
홈페이지 | www.clcbook.com
이메일 | clckor@gmail.com
온라인 | 기업은행 073-000308-04-020, 국민은행 043-01-0379-646
　　　　　예금주: 사)기독교문서선교회

ISBN 978-89-341-1555-7 (94230)
ISBN 978-89-341-0686-9 (세트)

* 낙장 · 파본은 교환해 드립니다.

이 도서의 국립중앙도서관 출판시 도서목록(CIP)은 서지정보유통지원시스템 홈페이지
(http://seoji.nl.go.kr)와 국가자료공동목록시스(http://www.nl.go.kr/kolisnet)에서
이용하실 수 있습니다.
(CIP제어번호: CIP2016014170)